服飾造形の美学

美意識と服飾文化の変遷を探る

廣瀬尚美◆著

雄山閣

目次

はじめに

「服飾美学」という語は、一般には馴染みが薄い言葉であるが、この語は、元お茶の水女子大学の学長、谷田閲次先生が昭和30年代の初め、お茶の水女子大学被服学科で教鞭を執られていた頃に立ち上げられた講座である。

「美意識」「美感」と言うものは、人間だけが持つ感覚であり、それを表現するのは服飾造形、即ち「衣服」である。

「衣生活」というものは、我々の生活から切り離せないものであり、また、衣服の美しさやオシャレは誰もが関心を持つものである。

正当な「美学」は「哲学」から始まって理解が非常に難しいものであるが、服飾と関連付けて考えれば解り易い——という谷田先生のお考えから「服飾美学」の講座が始まった。私はその谷田研究室の一期生で、谷田先生のお考えに飛びついて研究を続けてきた。

「服飾美学会」という「学会」も当時、谷田先生がご苦労なさって発足した「学会」である。現在は会員数も増え、若い方達の活躍も盛んである。

私は、その後、長年に亘り学生達に「服飾美学・服飾文化史」の講義をすることになり、多くの学生が興味を持ってくれ、卒論のテーマには、この分野を選ぶ学生が多かった。

現在は大学法人化に伴い、お茶の水女子大学は家政学部も、被服学科も無くなり、従って「服飾美学」「服飾文化史」の講座も無くなったように聴いている。

そこで谷田先生が始められた「服飾美学」の講義の内容を詳しく纏めて見たいと思い立った。

幸い、このところ服飾文化に対する関心高まっているようで、最近（コロナ騒動以前だが）、世田谷美術館で「ファッション史の楽しみ―石山彰ブックコレション―展」が開催され、また同時期には、三菱一号館美術館で「ＰＡＲＩＳオートクチュール―世界に一つだけの服―展」が開かれ、どちらも多数の入場者があったと聞く。

私も、両方の展覧会を見学したが、入場者には若い女性も多く、中には一生懸命、展示品をスケッチしている女子高校生を見かけて、とても好もしく思った。

「服飾美学」「服飾文化」は、必ずその時代の「世相」を表すものである。その変遷の歴史を探ることは、その時代の世相、社会情勢、人々の考え方なども知ることになる。

服飾造形・服飾美学に興味を持つこういう若い人達のお役立てたらと思い、「ファッションは美学である」という信念を持って、〝老骨に鞭打つ〟意気込みで本書を纏めてみました。

第一章　服飾造形とは

「服飾造形」という語は、聞き慣れない言葉であるが、簡単にいえば、人間が身に付ける物の総称である。

「衣・食・住」を「生活の三要素」というが、この中で、限りなく贅沢ができるのは「衣」である。生活水準を現すものに「エンゲル係数」というものがあり、生活費の中でこの割合が大きいほど、貧困であるとされている。逆に「被服費」の割合は大きいほど生活が裕福であり、高度な文化生活であると言われるのである。

「生活の三要素」の中で人間だけが必要とするのは「衣」であり、他の動物は「衣」を必要としない。極端な言い方をすれば、人間にとっても「住」は樹木の下や橋の下、建物の軒先でも雨露は凌げる。「食」は野や山の植物や、海産物などで、腹を満たすこともできる。

しかし「衣」に関しては、先史時代から裸体そのままで生活することはなかった。言い換えれば、人間以外の動物は「衣文化」を持っていないので、人間の特権ともいえるものである。

文明社会において「衣」は権力や身分を表す手段でもあり、我々の生活と切り離せないものである。

「衣文化」は、文明社会においては、最も大切な物であろう。

この衣文化の歴史が、古代から現代までどのような変化を遂げてきたか、どのような美意識のもとに衣文化が作られてきたかを振り返ると同時に、その変化を左右した人間の「感性の歴史」、言い換えれば「美意識の歴史」を振り返ってみたいと思う。

マッジ・ガーランド（MadgeGarland／１８９８〜１９９０年／英国のファッション・ジャーナリスト）の次の文章は有名である。

あらゆる人間は、もって生まれた固有の趣味——そのひと個人の飾り方——をもっており、それによってトリックを演じることが出来、気に入りの姿態を作ることが出来る。そして人間が、それぞれの場合に、それぞれに違った身体の部分を誇張して見せたり、隠したり、あるものを身につけたり、付けなかったり、こうしたことが集まって、いわゆるファッションとして知られているものが作り出されるのである。

オシャレの歴史は人類の誕生と共に始まったともいえる。いつの時代にも人々はオシャレに感心を持って、様々なファッションを生み出してきた。何かを身に付けて体を飾りたいという心理もまた人間の本能といえるものである。

言い換えれば「オシャレ」は、美意識の表現であり、人間の本能に近いものである。

「衣」が存在していなかった先史時代の人々も、身体に彩色を施したり、入れ墨をしたりして、オシャレを楽しんだ。現代でもアフリカなどの土着の人々の中には、身体に班痕を付けたり、身体の一部を変形させたり、または、欠損させたりしてオシャレを楽しんでいる人々がいる（図1）。

「彩色のオシャレ」は、アマゾン河流域の先住民の間では、現在も行われているオシャレである（図2）。身体に直接、色を塗って「縦縞」を現したり（図3）、また、ある部族の人々は祭礼の際には、顔に縞模様を描いたり（図4）、赤色や黒色で「身体装飾」を施す習慣がある（図2）。

身体を「変形」させるオシャレ（身体変工）もある。「入墨（文身）」「抜歯」「纏足」「穿頭術」などがそれである。

「首長族」は小さいときから首に輪をはめて、成長と共に輪の数を増やしていくと、成人したときには首が長くなっている。主にこれは女性が行うオシャレで、首が長いほど美人であると評価される（図7）。

「班痕」の例は、ある島で現在も男性の成人の儀式の一つとして、背中を小刀で傷つけることが行われている。男性が成人に達すると、この技術を持つ老人と小屋に籠もって、小刀で背中に傷を付ける。しばらくすると「かさぶた」ができる、それをまた小刀で削って、新しい傷を付ける。これを三ヵ月間ほど続けると、背中がボコボコの「あばた面」になる。この「あばた（裂傷）」の数が多く、大きいほど男性の魅力とされる（図1）。

厚唇族と呼ばれる種族もある。これは主に男性のオシャレであるが、幼少の頃から、下唇を引っ

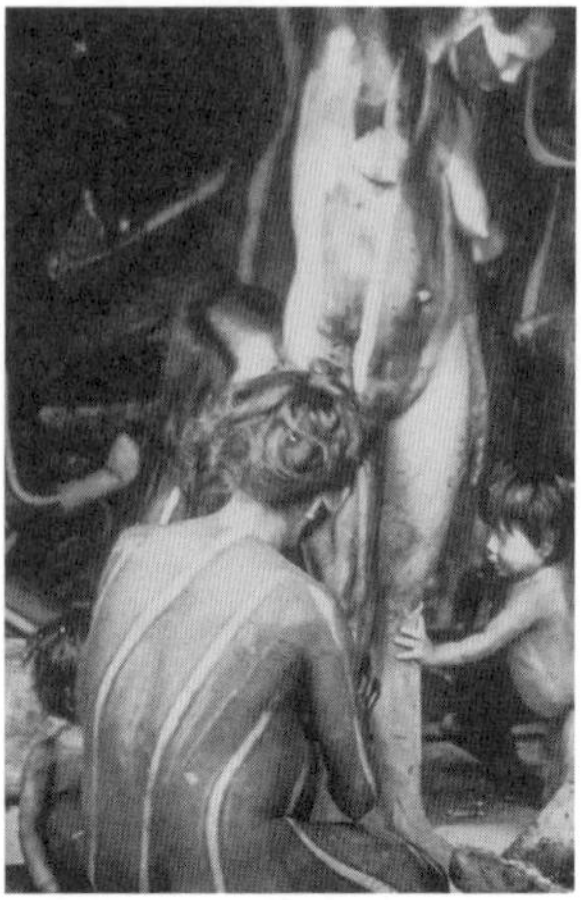

図 3　身体装飾（彩色）　アマゾン流域の裸族

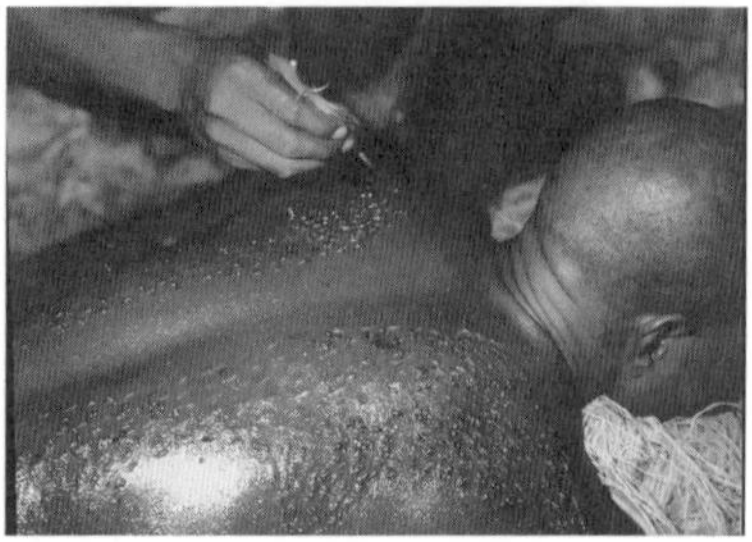

図 1　身体変工（班痕）

図 4　身体装飾（彩色）　儀式に臨むインディオ・ナンビクワラ族の娘達、天然の染料で顔や身体を赤く染める。

図 2　身体装飾（彩色）　ゲレ族の若い娘の祭りの際の化粧。赤は生命力の象徴である

図 7　身体変工／首長族

図 5　身体変工／厚唇族

図 8「角飾りのある少女」（新石器時代）　上腕と腰部に房飾りの付いた腰衣、編み物状の手袋と全身に入れ墨（斑点）がある。

図 6「ローセルのヴィーナス」腰部に紐衣の痕跡がある
（オーリニャック期・旧石器時代後期）

張っていると唇が、段々、分厚くなって成人する頃には、下唇の下に支えの板を付けなければならないほど厚くなる。一番、唇の厚い男性が「酋長」になれるという（図5）。

つまり、布がなくても様々なオシャレは可能である。他人と違うことで目立ちたいという自己顕示欲からオシャレは発達したのである。

人間は原始の時代から身体に何かを付けたいという欲望、つまり身体を飾りたいという欲求を持っていた。それは、今から三万年も四万年も以前の「マドレーヌ期」「オーリニャック期」と呼ばれる時代に描かれた、洞窟の壁画などの人物像からも明らかである（図6・8）。

そこには衣服とは呼べないまでも完全な裸体ではなく、身体に何らかの装飾を施した人物画が描かれたり、人体に付帯物が描き加えられたりしている。

何故、そのような要求を持ったかということは、何故、人間が衣服を着るようになったかという「衣服の起源」に関連していると考えることができる。

先にも述べたように、身体に何かを纏う以前にも、すでに「オシャレ」を意識していたのである。

衣服の起源についての説明には、従来から様々な説が唱えられている。主なものを挙げると「装飾説」「保護説」「呪術説」「羞恥説」などがある。いずれの説も単独では充分な説明が不可能である。言い換えると、人間は何のために衣服を着るようになったかを考えるとき、その目的には様々な理由が挙げられるのである。即ち、衣服はそれらの目的をすべて叶えるものでなければならない。それ故、衣服は生活造形の中でも機能が多元的であり、複雑なものであるということがいえる。

身の回りに存在する「形がある物」は、「生活造形」と「表現造形」に分けられる。

「生活造形」とは、その造形物がある機能や用途を具えた「形ある物」で、言い換えると、直接、我々の生活を快適に、便利に、スムーズにするものである。

これに対して、「表現造形」とは用途を持たず、「鑑賞を目的としたもの」で、絵画や彫刻など、鑑賞する造形である。つまり表現のみを追求して、機能を持たない造形物と考えられる。


衣服をはじめとする服飾造形は、当然、生活造形の分野に含まれるものであるが、衣服以外の他の生活造形は、大部分のものが機能なり、用途なりが一つだけなのに対して、衣服の機能は多元的であるところに、服飾造形の複雑さがある。

たとえば、椅子を例に挙げると、椅子は座るものであり、「座る」という用途が一つである。座ったときに、座り心地が良いか、さらに座って寛ぐことによって如何に疲れが早く取れるか、ということに意を注いで造形を試みればよい。湯呑みはお茶が飲みやすいように、また、やかんは湯が早く沸くようにその形を工夫すればよい。材質や技術などを考慮に入れて、さらにできあがった形の美しさが評価されるが、それでも用途は一つなので、到って簡明である。

それに比べると衣服を含む「服飾造形」は用途が多元である。その中のどれを優先させるかが問題である。防寒服は防寒の機能が第一義であり、スポーツウェアは運動機能を優先させなければならない。しかし、機能を充分に果たしていれば、形や色はどうでもよいのか……というと、そうではない。機能を充分に果たした上で、色が綺麗な物、形が美しい物を選ぶ。

我々の体験を思い起こしてみよう。寒さに向かう季節に、一枚のセーターを買いたいと思って探しに行くとする。さまざまな種類の中から防寒の機能が同じであれば、必ずきれいな品を選ぶだろう。極端な場合は、防寒のためのセーターでありながら、「少し薄手で寒そうだが、こちらの方がきれいだから……」と選んでしまうことも多い。すなわち防寒の機能だけで選択することは先ずない。スポーツウェアに関しても同じことがいえる。それ故、同じ機能を持っていても、様々なデザインや、色彩のジョギングウェアやテニスウェアが街にあふれているのである。

そこで服飾造形品に関して、機能性よりも優先されるものは何かと考えてみると、それは表現性、言い換えると、美しさやオシャレの要素である。

造形物には、必ず表現性が問題になる。これについては谷田閲次氏も述べておられるように、人間の行為がその人の意志にかかわらず、倫理的評価を免れ得ないのと同じで、造形物は必ずその表現性によって見る人に対して、何らかの訴えを持つものである。

生活造形の中でも、特に服飾造形は、機能性と同時にこの表現性、即ち「美の訴え」が強力なのである。そして我々はこの強力な訴えを美的感覚でしっかり受け止めるので、ともすると機能よりもきれいなことを優先させてしまうことになる。

生活造形には機能に加えて「表現性」、即ち「見た目の美しさ」が欠かせないものであり、生活造形の中でも、特に服飾造形は機能性よりも「表現性」が重視される場合が多いのである。

古代以前の人々が、服飾らしきものを身体に付ける以前に、すでに肉体に彩色を施したり、班痕を付けたり、肉体を変形させたりしたことは、現代人の目には異様なことに映るが、これらの行為は当時の人々の「美の訴え」だったのである。

このように考えると「美的訴え」、即ち自分を美しく表現したいという欲求は、時代を問わず、民族を問わず、誰でもが持っているもので、これは人間の本能に近いものであると考えられる。

しかし、何が美しいかを判断する「美の基準」「美の評価」は、時代により、地域により、民族により、また、同じ地域や民族でも、年齢によって異なることもある。それ故、肉体に直接施す装飾から発展して、身体にまとう形式の衣服が生まれると、この「美的評価」の違いによって、衣服は様々な形態をとるようになる。即ち、衣服の美の表現方法は、時代や民族によって違ってくるので、その時代、その地域、その民族が、それぞれ独自の衣服を着用することによって様々な衣服が発達したのである。

ここで、唐突ではあるが、夏目漱石の『吾輩ハ猫デアル』の中に、衣服の起源や流行に関連する興味深い一説がある。

主人公である「名前はまだ無い猫」が人間をいろいろ観察する中に、主人公（猫）が銭湯を見に行って「銭湯に行くと人間が全裸になる」ことに驚いて、いろいろな感想を述べていた後で、「衣服」について次のように論じている。

衣服は斯《かく》の如く人間にも大事なものである。人間が衣服か、衣服が人間かと云ふ位重要な条件である。人間の歴史は肉の歴史にあらず、骨の歴史にあらず、血の歴史にあらず、単に衣服の歴史であると申したい位だ。だから衣服を着けない人間を見ると人間らしい感じがしない。丸で化物に邂逅《かいこう》した様だ。化物でも全体が申し合せて化物になれば、所謂《いわゆる》化物は消えてなくなる訳だから構はんが、夫では人間自身が大に困却する事になる許りだ。其昔自然は人間を平等なるものに製造して世の中に抛り出した。だからどんな人間でも生まれるときは必ず赤裸である。もし人間の本性が平等に安んずるものならば、よろしく此赤裸の儘《まま》で生長して然るべきだろう。然るに赤裸の一人が云ふにはかう誰も彼も同じでは勉強する甲斐がない。骨を折つた結果が見えぬ。どうかして、おれはおれだ誰が見てもおれだと云ふ所が目につく様にしたい。夫については何か人が見てあつと魂消《たまげ》る物をからだにつけて見たい。何か工夫はあるまいかと十年間考へて漸く猿股を発明してすぐさま之《これ》を穿《は》いて、どうだ恐れ入つたろうと威張つてそこいらを歩いた。是が今日の車夫の先祖である。単簡なる猿股を発明するのに十年の長日月を費やしたのは聊《いささ》か異な感もあるが、夫は今日から古代に遡って身を蒙昧の世界に置いて断定した結論と云ふもので、其当時に此位な大発明はなかつたのである。デカルトは「余は思考す、故に余は存在す」といふ三つ子にでも分る様な真理を考へ出すのに十何年か懸つたさうだ。凡て考へ出す時には骨の折れるものであるから猿股の発明に十年を費やしたつて車夫の智慧には出来過ぎると云はねばなるまい。さあ猿股が出来ると世の中で幅のきくのは車夫許りである。余り車夫が猿股をつけて天下の大道を我物顔に横行闊歩するのを憎らしいと思つて負けん気の化物が六年間工夫して羽織と云ふ無用の長物を発明した。すると猿股の勢力は頓《とみ》に衰へて、羽織全盛の時代となつた。八百屋、生薬屋《きぐすりや》、呉服屋は皆此大発明家の末流である。猿股期、羽織期の後に来るのが袴《はかま》期である。是は何だ羽織の癖《くせ》にと癇癪を起した化物の考案になつたもので、昔の武士今の官員抔は皆此種族である。かやうに化物共がわれもわれもと異を衒《てら》ひ新を競つて、遂には燕の尾にかたどった畸形迄出現したが、退《しりぞ》いて其由来を案ずると何も無理矢理に、出鱈目に、偶然に漫然に持ち上がつた事実では決してない。

（出典：『定本漱石全集』第一巻／２０１６年・岩波書店刊）

余談になるが、20世紀初めに「機能美」という考えが持てはやされたことがあった。これは、ドイツのバウハウス大学での「バウハウスの機能主義」として一世を風靡したものだが、なかでも建築家のグロピウスが唱えた「流線型は美しい」「形ある物は全て流線型を取り入れよ」という主張は、世界的に広まった。

流線型とは「放物線」から生れるなだらかな曲線である。

そこで、当時の造形には「放物線」の曲線が多く取り入れられた。食器の類いにもこの流線型が取り入れられて、コップの内側を流線型にしたワイングラスなどが作られた。ところが、この内面が流線型のワイングラスでワインを呑むと、呑み終わった後にグラスを口から離すと、必ず「ぽつんと一滴」鼻に雫が跳ね返る……という現象が起きたという。

流線型は美しいが、元来、スピードを競う物では、空気の抵抗が少なく速く走れるが、万能ではないという「オチ」が付いたという話である。

「機能と美」の関係は複雑であるが、生活造形には美しさよりも、機能を優先させるべきであることが改めて証明されたのである。

第二章　美意識と服飾造形──機能性と表現性──

美意識は美的体験によって培われると考えられるが、美的体験とは何かというと、物を見るときに対象物に対して、そこに「美を発見すること」と谷田先生は述べられていた。しかし、物を見るとき、我々はその時の心理状態によって、同じ対象に対して「美」と感じたり「醜」と感じたりする。「美を発見する」には「美的態度」で接しなくてはならない。美的態度で物を見て、そこに美しさを発見したとき、対象物は「芸術品」となるのである。

たとえば、河辺に立つ一本の木を眺める場合にもいろいろな見方がある。経済的な見方をすれば、「あの木を切って椅子を作れば、何脚の椅子が作れる、一脚、いくらで売れれば儲けはいくらになるだろう」という計算をする。また、生物学的な見方ならば、「あの木の年輪はどのくらいであろう? 植物学上は、何科・何種・何目の木であろうか?」となる。一方で、美的態度で観察することもできる。その木と背景の調和、その木の枝振りなどに興味を持って眺めるときには、美意識が働いて「美的発見」が生まれ、この木に対して「美的評価」ができたことになる。

形のある物はすべて「美的訴え（EstheticAppeal）」を持っていて、それを見る側が「美観」で捕らえたとき、初めて「美的評価」を得るのである。したがって、形あるものはすべて「美的評価」から免れることはできないのである。

また、人間は生まれながらにして「美的要求」を持っていると考えられる。たとえば、できあがった料理に、ちょっとパセリを添えてみる。また、カップボードの上に「鉢植えの植物を飾ってみたい」という意識は、すべて美的要求であると考えられる。

美意識は美的体験を積んで、対象物を美的評価する意識である。

美意識は美的体験を積むことによって発達するが、日常生活において、これを特に意識して生活することは少ない。しかし、美意識は年齢とともに、自然に発達するものでもある。

たとえば、幼児が絵を描くとき、「明るい色」を「綺麗な色」と捉えて、三原色に近いクレヨンを選んで絵を描く。従って12色または16色の多色のクレヨンのセットを与えても、明るい色、原色に近いはっきりした色ばかりが減って、黒や灰色は残りがちである。幼児はまだ年齢的に美的体験が少ないので、黒や灰色のような地味な色に対して、美的評価ができないのである。

しかし、大人になるとそれらの色は、「渋い色」または「粋な色」として受け入れるようになる。これは日常生活の中で、特に意識しなくても、年齢とともに「美的体験」を積み重ねて、「美意識」が発達した結果である。

自然科学の分野では、「同一条件のもと」では「同一の現象が現れる」ということを前提として

「定理」や「公式」が生まれる。しかし、美学の分野では、そもそも「同一条件」を作り出すことは不可能である。

「美」の世界では、よく「均衡の美」「調和の美」ということが言われるが、これらの内容を条件として決めることはできない。多くの美の中には「均衡の美」「調和の美」という一つの可能性があるというに過ぎない。したがって「不調和の美」も存在することになる。これらは、個々の美的体験によって、全般的な美的価値の中で理解されるのである。

「美学」は「理解の学問」であり、「規範の学問」でも、「記述の学問」でもない。「美しい」ということに「定められた条件」、「客観的基準」は存在しない。これは「主観に左右されるもの」であり、「○○の条件を備えたものは美しい」とは断定できないのである。

美感は人間の「五感（視覚・聴覚・触覚・嗅覚・味覚）」より、さらに一層深い、複雑なところで受け止めるもので、一般の「快感」とは異なるものである。そして、人間の「五感」にも「規定」を設けることはできない。

五感の中で最も分かりやすい「味覚」についても、他人が「美味しい」という食べ物を、自分も必ず「美味しい」と感じるかどうかはわからない。友人から「どこそこのラーメンは長蛇の列ができるほど美味しい」と聞いて行ってみたが、「それほどでもなかった」という話はよく聞く。味覚についても、その時、お腹が空いていない状態であったり、元来、「さっぱり系の味が好き」などの条件から、美味しいとは感じられない。つまり、「味覚」には、しっかりした「基準」はないのである。「美感」は人間の五感よりも、一層複雑なものであり、「条件」や「基準」を設けることは、不可能であるといえる。そして、厄介なことには、この「基準」は個人の中でも一定ではなく、まわりの状況に影響されて、非常に変化しやすい性格のものであるということである。

先ほどのラーメンの例でも、「長蛇の列が出来るほど有名なら、美味しいかも知れない」と思い始めて、そのうちに「美味しい」と感じるようになっていくこともある。

服飾の流行においても、このプロセスをたどることが一層顕著である。

「流行遅れ」ということに、人は非常に敏感に反応するのである。「現在、流行しているもの」に対して、「美しい」と感じなくても、それを取り入れなくては「流行遅れ」になるという「不安感」に駆られてしまう。つまり「美意識」よりも「流行遅れ＝仲間外れ」という不安感が大きくなって、「流行という風潮（＝世相）」に乗ってしまう。

一方、流行という風潮に乗り遅れないことを心がけながらも、人は「他人と同じ状態から抜け出したい」―「他人と同じはイヤ」という観念も持っている。そして、その観念が発展すると、今度は「群衆の中で目立ちたい」という欲望を持つようになる。「目立ちたい精神」は、既に幼児の頃から芽生えるものであるらしい。

ある幼稚園の先生から聞いた話であるが、幼稚園によっては、一種の制服のような「上っ張り」が決められていて、登園する時はその上っ張りの胸に「名札」を付けることが決まっている。しかし、その名札の位置を周りの友達より「少しずらして、規定の位置より、上に付けたり、下に付けたりする子がいる」ということを聞いた。幼稚園児ですら「まわりと同じではイヤ」、大勢の中で「目立ちたい」という意識が働くようである。

目立ちたいという意識があるならば、流行に乗らなければ良い、と思われるが、「流行遅れ」ということに対して、人は非常に敏感である。


我々の行動は無意識のうちに「美意識」によって左右されるものである。そして、我々の生活の中で、最も美意識に左右されるのは「服飾造形」である。

ファッションは美意識によって生れ、美意識によって変化し発展する。

美意識は時代や地域に寄って異なるので、古代から現代まで、西洋と日本では、服飾造形の形には違いがあり、またそれらは様々な変化を遂げてきた。

現在、私達は単純に「洋服」と「和服」という区別をするが、それぞれがどのような変化を遂げて、現在の衣生活にたどりついたのか、服飾造形の歴史を考えてみたい。

図11　祈る人「オランケ」（4世紀後半）　ダルマチカ（T字型衣服／丈はややたっぷりした身頃）、無帯（身頃の肩から裾にかけて太めのクラーヴィー）、頭にヴェール。

図12　ディオールデザインのチューリップ・ライン（1953年）　胸を豊かに見せ、ウエストを絞り、ヒップをゆったりさせたシルエットがチューリップの蕾の形のよう。

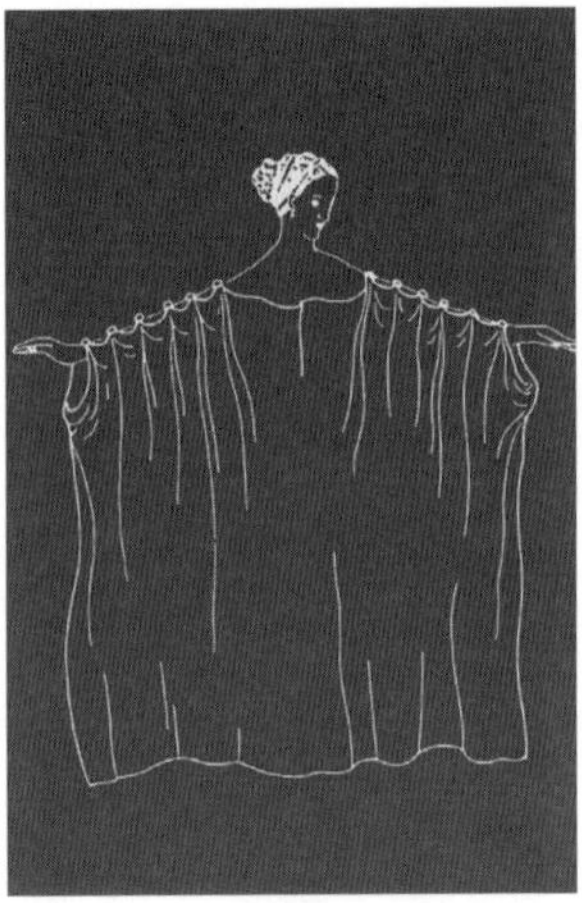

図9　イオニア式の着装法（長方形の布／幅：両肘丈×2／丈はほぼ身長）　左脇を輪にして体に当て、肩を飾り留め具（フィビュラ）で何ヵ所も留める。

図10　ダルマチカの現存衣裳　中世初期のゆったりした寛衣。身頃と袖に2本のクラーヴィー（幅、色、模様などにより身分を表した）。

衣服の形態を大きく分けると「懸衣《けんい》」「寛衣《かんい》」「窄衣《さくい》」の3つの形態に分類出来る。

「懸衣」は裁断縫製を施さない衣服で、古代の衣服はこの「懸衣形式」で、大きな布を、そのまま身体に纏い、紐などで身体に固定させた（図9）。

「寛衣」は簡単な裁断・縫製を行うが、肉体にピッタリ添わせることなく、肉体から「乖離した」衣服である。これらは「T字型衣服」で、西洋では中世の衣服や、日本の和服は寛衣である（図10・11）。

「窄衣」は高度な裁断・縫製の技術をもって、肉体にピッタリ添わせた衣服で、近世以降の西洋服はこの形式である（図12）。

衣服の美は、伝統や国民性、地域性を反映しながら、人々の美意識に基づいていろいろな「表現方法」を考え出したのである。

以上のことをまとめると次のようになる。

襞《しゅう》の美　（ドレープによる美の表現）　**懸衣**　（裁断縫製無し）　**古代の衣服**
形態の美　（シルエットによる美の表現）　**窄衣**　（複雑な裁断縫製）　**近世以降の西洋服**
色彩の美　（色彩・文様による美の表現）　**寛衣**　（単純な裁断縫製）　**和服**

「襞の美」と「形態の美」については、第三章で詳しく述べるので、ここでは、「色彩と文様による美の表現」ついて述べる。

色彩と文様の美（染織の美）

衣服の美の表現方法の一つに「色彩や文様による美の表現」がある。これは寛衣形式の衣服に多く見られる「美の表現」である。

寛衣形式の衣服は広い平面が提供されるので、そこに染めや織り、縫いや繍、箔によって美しい文様を描きだすことは非常に効果的である。

江戸時代から「小袖」と呼ばれる日本独特の衣服が生まれるが、この寛衣形式の衣服は、まさに「色彩と文様の美」の表現に適していたといえる。

小袖は平安時代には下着として用いられていたものであるが、安土桃山期頃から表着として着られるようになり、江戸時代には帯と共に中心的な衣服となる。小袖は表着として着られるようになってからは、ほとんどそのシルエットに変化がなく、寛衣形式の形態を維持してきた。

したがって「美の表現」は専ら「色彩と文様」に委ねられた。特に元禄時代に開発された「友禅染」は、世界に類を見ない技術と美しさで、日本の「服飾の美」を代表するものとなった。

（Ⅰ）色彩

物を見るとき、先ず、最初に認識するのは「色彩」である。他人に物を説明するときも、先ず、色を述べることが多い。「赤い屋根の家」とか、「黄色いブラウス」とか、形より先に「色」を述べる。美の表現に「色彩」は欠かせないものである。

色彩感覚において、日本人は古くからの長い歴史を持ち、西洋に比べてひときわ優れていると断言できる。平安時代にはすでに重ね着の色の配色に心を配り、「襲色目《かさねいろめ》」の法則を生み出している。細かな色の変化を識別し、それを自然と融和させて、衣服の色彩を選ぶ文化にまで昇華させた。

西洋でも東洋でも近世以来、染めや織りの技術が発達するにつれて、美しい文様の衣服が着られるようになったが、特に日本の江戸時代の小袖の美しさは格別である。小袖は長い間、その形態に変化がなかったので、西洋衣服のようにシルエットの美しさを追求する代わりに、美の表現を色彩や文様に求めたのである。特に元禄時代に流行した「友禅染」の豪華さは、他に類を見ない素晴らしい「芸術品」であった。

「織り」の技術はかなり早くから発達しており、織りによる文様にも美しく、複雑な様式のものが多く残っている。特に、16世紀の安土・桃山時代に中国から金襴織りが伝えられると、急速に豪華な織物が発達する。

我々は先ず、色によってその物の印象を捉える。故に、ある物を他人に伝える時にも、先にも述べたように、先ず色について述べる。「赤い屋根の家」とか、「白い建物」とか、色で説明を始める。自分の持っている衣服についても、黄色いブラウスとか、ピンクのスカートなどと表現し、色の説明だけで不十分なときには、さらに花柄のブラウスとか、水玉のスカートというように文様を付け加えて説明する。最初からウェストの締まったブラウスとか、裾の拡がったスカートなどと形態について述べることは少ない。このように色彩は物についての印象を最も強く与えるものである。

平安時代の通称「十二単衣」と呼ばれる「唐衣・裳形式」の衣服は、色彩の配色に美の表現を求めた代表的な衣服である。これは「袿《うちき》」と呼ばれる内衣を、何枚も重ねて着る形式の衣服であった。

十二単衣は、必ずしも十二枚重ねたのではなく、女子の正装である「唐衣・裳形式」の俗称である。「唐衣・裳」は一番上に「唐衣」と呼ばれる丈も袖も短い形式の衣服を着て、その下に「袿」を何枚も重ね着した。この袿は五枚から、時には20枚も重ねて着る場合もあったので、女子の服装を「十二単衣」と称した。さらに、この袿は「袷仕立て（＝二枚仕立て）」であったので、表と裏の色の合わせ方も考慮した上での袿の重ね方、色の配色は複雑であった。このように、多くの枚数の衣服を重ねる場合、色の組み合わせは多種多様であり、充分に色を楽しむことが出来た。

『源氏物語』の世界では、男性は几帳の蔭から、わずかに見えるこの袿の裾の配色によって、求める女性の教養や性格を推量したのである。当時の人々は単に袿の重ね着の配色を楽しむだけでなく、一枚の袿の表と裏の色の組み合わせにも心を配り、その配色に四季それぞれの植物の名前を付けて、色を扱ったのである。

たとえば、物語によく登場する春に〝紅梅襲〟といえば、表が紅で、裏が紫の組み合わせの袷を指す。また秋に〝白菊〟といえば、表が白で、裏が青の組み合わせの袷であった。

平安時代のこの色の扱いは「重色目」、または「襲色目」と言われて、日本独特の色の扱い方であった（「襲色目の表」参照／後述）。

色を視覚で捉えるだけでなく、そこに或る感情を込めて楽しんだり、或る物事を色で象徴することは、中国でも西洋でも行われていた。

即ち、「色の寓意」として、色によって季節感を表したり、さまざまな事象を表現したりすることである。日本人は特に季節と色を結び付けることを早くから経験していた。日本の風土は四季の区別がはっきりしていることから、日本人は季節に対しては、殊のほか敏感であり、季節ごとに咲く花や、その色に対して深い「美意識」を持っていたのである。

色の微妙な変化を楽しむことは、江戸の町人文化において著しく発達する。当時、町人の中には巨万の富を蓄え、支配階級である武士をしのいで、財にあかした贅沢をする者が出てきたため、幕府は町人に対して様々な禁止令を出した。

服飾に関しても、布の地質や染料については安価なこと、また色調については地味なことを強制した。そのため茶・紺・鼠など、くすんだ色の衣服が町人の間で流行するようになった。しかし、当時の人々はこの三色にそれぞれ微妙な変化を持たせ、実に多くの色を考え出したのである。

それは俗に「四十八茶百鼠」と言われたほどで、茶系統の色には四十八種類、グレイ系統の色には100種類の色を考え出したのである。

たとえば、茶色については媚び茶・黒媚び茶・青茶・海松茶・藍海松茶・御納戸茶・千歳茶・鶸茶・百塩茶・蛎茶などがあり、有名人の名や人気の歌舞伎俳優の名を冠せた色には、利休茶・路考茶・梅幸茶・岩井茶・芝翫茶・璃寛茶などがある。また茶の字の付かない茶系統の色には、煤たけ・鳶いろ・黒鳶などもある。

鼠色については、藤鼠・深川鼠・藍鼠・紅かけ鼠・銀鼠・利休鼠などが挙げられる。これらの鼠色は「ねずみ」と呼ばず、「ねず」と呼んでいる。もっとも、呼び名はこのように多くあったが、実際には、ほとんど色の区別がつかなかったり、また同じ色に対して違う名を付けて、新鮮さを衒って売り出したりしたので、正確にはこんなに多くの種類の色が存在したわけではない。しかし同系色の色に、これほど多くの色名を付けるためには、色に微妙な変化を持たせねばならず、また、それを敏感に区別することが出来なければならなかったのだろう。

また、これらは「禁令」に対する庶民の「知恵」でもあり「抜け道」でもあった。「紫色」が禁令で禁止されると、「紫色」に「なす紺」という名前を付けて用いたり、「金色」は禁令に触れるので「金茶」と称して染めたりして、色彩の変化を楽しんだのである。「四十八茶百鼠」といわれるほど、江戸時代の人々の色彩感覚は、繊細であったことが窺われる。

（Ⅱ）文様

色についで文様も、服飾美において大きい役割を果たすものである。文様表現の手法には「織り」と「染め」と「繍（刺繍）」の方法がある。

〈1〉文様表現の手法

①織りによる文様表現

織りによる文様は、布を織る段階で経糸・緯糸に色の異なる緑を用いて、模様を出していく方法である。これは染めによる文様表現に先駆けて、早くから行われていた。既に正倉院御物の中にも、優れた織りによる文様を見ることが出来る。基本は「縞柄」、「格子柄」であるが（図13）、後には「絣」や「飛び柄」も織られた。

文様形成の課程から、幾何学的な文様が多いが、ほかにも「連続文」（図14・15・16）や「団文」

図 16　鱗形（うろこがた）

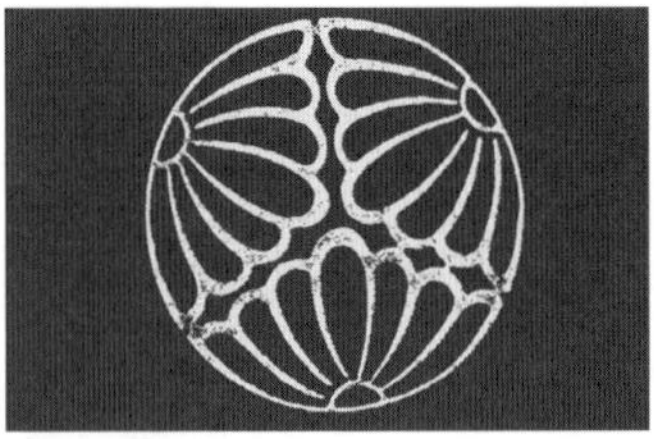

図 17　菊の丸

図 18　花菱（四つ花菱）

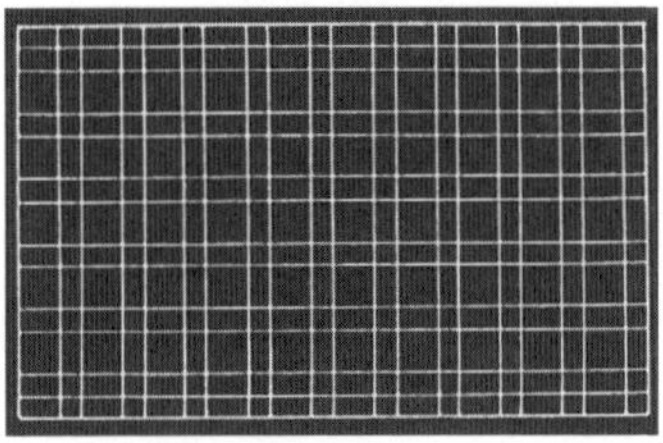

図 13　格子（翁格子）

図 14　波文（なみもん）

図 15　回文と石畳（かいもんといしだたみ）

（図17・18）「単位文」などが多く見られる。

「金襴」は最高級の織り文様の布である。これは中国の元（1271～1368年）・明（1368～1644年）時代に日本にもたらされたもので、「名物裂」と呼ばれる。「金襴」は「金糸」を織り込んだ布であるが、鉱物である金を布に織り込む技術が開発され可能になった織物で、非常に珍重された。後に、日本でも「和製金襴」が織られるようになる。

②染めによる文様表現

染めの最初は「型染」の手法が専らで、正倉院御物の中にも、当時の手法で染められた布が「正倉院裂」として残っている。

夾纈《きょうけち》・臈纈《ろうけち》・纐纈《こうけち》という方法で、夾纈は板締めの方法、臈纈は防染の手法、纐纈は絞り染めの手法であった。

染めの技術が発達し、特に「糊置防染」が行われるようになって、細かい複雑な文様も描き出すことが出来るようになり、文様形式は広い範囲にわたって様々な表現が可能になった。

安土・桃山時代の小袖には「辻が花染」「茶屋染」が多く見られる。「辻が花染」は大きく絞った染の中に模様を描いたり、刺繍を施したりした大柄な文様で、戦国時代から江戸初期の小袖に多く見られる染の手法である。辻が花染は、家康が着用した辻が花染の現存衣装もある。

「茶屋染」は主に夏の衣裳の帷子に染められたが、白地の上布を藍一色で染め、中に色糸で刺繍を加えた豪華な小袖もあり、御殿女中の夏の衣裳として着られた。模様は浜辺の松など涼しげな風景が好まれた。

茶屋染の帷子を「茶屋辻」といい、中でも金絲・銀糸の刺繍を施したものは「本辻」と呼ばれ、御殿女中の中老以上の身分の高い女性の式服とされた。

元禄時代に「友禅染」が開発されると、細かい文様が可能になり、刺繍を加えた豪華な小袖が生み出された。

友禅染は宮崎友禅斎が開発したといわれているが、これは一種の「糊置防染法」で、海藻から作った「一珍糊」という糊を使って、極細の筆で模様を描いて防染した（図19）。

江戸時代の友禅染の小袖の中には、橋を渡る人物の小袖の模様や、舟の中で三味線を弾く人物など細かい描写の文様がある。この友禅小袖に更に「刺繍」をほどこして、豪華な小袖も作られるようになった。

③繍

刺繍の技術も古くからあり、室町時代には金糸で刺繍を施した豪華な「金襴」が中国から輸入された。友禅染の文様の一部に刺繍を施した豪華な小袖が流行したが、文字を大きく刺繍で表した小袖もあった。和歌の一部を刺繍で表したり、「親和染」（後述）といって、目出度い文字を刺繍で大きく描

図 21　袖替わり能衣裳　巻き貝文様

図 19　友禅染小袖　流水に菖蒲

図 22　分割模様能衣裳　菱繋ぎに草花

図 20　寛文模様　甕垂れ模様

いたりした。

〈2〉文様表現の形式

文様の表現形式は大別すると次のように分けられる。

①分割構図――㋑寛文模様㋺段替り(上下替り)㋩片身替り(袖替わり)
㋥裾模様㋭裏模様㋬褄模様
②散点模様(単位文)
③親和染
④絵画様構図――㋑御所解模様㋺海賦模様
⑤総模様
⑥充填模様――連続模様・縞模様
⑦文字模様判じ模様

①分割構図

㋑寛文模様

寛文の頃(1661~1673年)から流行したユニークな文様形式。後身頃の片方の右肩から斜めに裾に掛けて大胆な文様を描き、片側半分は無地のままという形式の文様である。

構図も非常にユニークであるが、文様に取り上げられた主題もユニークな物が多く、甕から水が滝のように流れ落ちる「甕垂れ」「滝の流れ」、また、大きな「熨斗」、「橋」など、小袖の文様には珍しいテーマが多い（図20）。

小袖の後身頃の裾から肩にかけて、桜や梅の大木を写生的に描いた文様もあり、これは日本人の自然に対する感情や季節感から生まれた「美意識」を文様に表現したものであると考えられる。

余談になるが、寛文模様が流行した理由としてユニークな説がある。それは「明暦の大火」が原因であるとする説である。明暦3年（１６５７）に江戸で大きな火事があった。これは江戸の町の大半を焼き尽くした大火で、江戸城の天守閣もこの火事で焼け落ちて、その後、再建されなかったというほどの大火災であった。

火事の後、「寛文模様」が流行したのは、衣服が焼けてしまった町人達が、新しい衣服を注文するために染物屋に殺到した。そのため、染物屋が注文に追いつけず、手抜きをしたという説である。

しかし、これは日本人特有の美意識である「余白の美」を楽しんだ文様であるとも考えられる。

㋺段替り模様（上下替り文様／片身替り文様）

身頃や袖を上下に分けて、異なる文様を描いた小袖。上下二段に分けた文様や、何段にも切り替えた文様もあった。同じ文様の組み合わせの繰り返し形式や、段ごとに違った文様を染めた小袖もあっ

図 25　裏模様留袖 白綸子地 渦巻雲に飛鶴の刺繍 雲は浅葱の濃淡刺繍

図 23　裾模様　秋草に障子

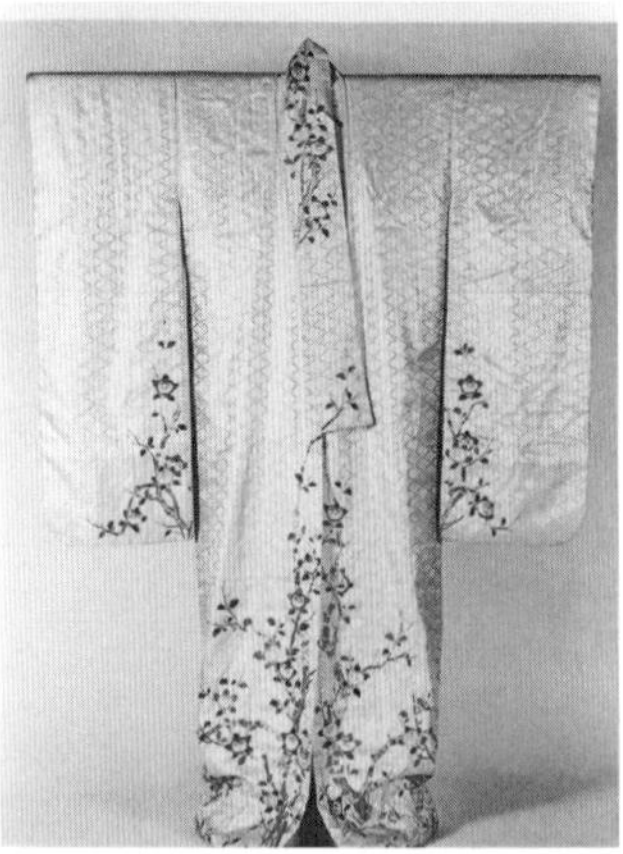

図 26　褄模様振袖　橘文様

図 24　裾模様留袖帷子
網干し磯辺模様の染繍

た（図21）。

㈧片身替り

特に能衣裳に多く観られる構図で、袖の部分だけ異なった模様に染めた小袖。身頃の部分を四角形に区切って、異なる色や文様に染め上げげた。身頃を左右半分に分け、片身ずつ左右色違いに仕立てた小袖（図22）。

㈡裾模様

小袖の前身頃から後身頃に掛けて、裾にだけ文様を施した形式で、現代でも「紋付き」のような礼服用の小袖に多く見られる。背中の辺りは無地で、文様の高さも腰辺りから裾に掛けて幅広く文様を染める形式や、裾だけに文様を付けた控えめな形式もある（図23・24）。

これは江戸時代初期には「帯」の幅が狭かったのが、中期以後帯幅が段々広くなり、小袖の腰の辺りの文様が隠れてしまうほどになったので、帯で隠れる部分は無地にして、裾にだけ模様を付けるようになったためであろう。

㈭裏模様

小袖の表には模様を付けず、裏に豪華な模様を施すことが流行した（図25）。

「裏模様」は町人が幕府の政策を批判した一種の「反抗精神」の表現であった。江戸時代には戦がなくなり、経済的に武士階級は困窮するようになった。それに反して、町人の間では経済が発達し

「豪商」と呼ばれる大金持ちが現れるようになる。「紀伊國屋文左衛門」「奈良屋茂左衛門」「石川六兵衛」「淀屋辰五郎」「中村内蔵助」など、豪商達の贅沢ぶりの逸話が多く残っている。これらの豪商達の妻女の贅沢も有名で、「衣裳競べ」を催して、衣服の豪華さを競ったりした。

これに対して、幕府は度々「贅沢禁止令」を出して贅沢を戒めた。小袖の文様についても、既に天和・貞享年間（1661〜1688年）の禁令で、「小袖の文様に金箔を用いてはいけない」とか、「総鹿の子染の小袖は禁止」などを禁止した。

先に述べた「四十八茶百鼠」も贅沢禁止令に触れない庶民の知恵であったが、文様についても小袖の表に贅沢をすると禁令にふれるので、「新規の贅沢」として、表は地味に仕立て、裏に贅沢な刺繍や「総絞り」を施すことが流行した。

特に男子は裏に凝った羽織が流行し、尾形光琳など著名な画家に羽織の裏に絵を描いてもらったりした。

㋬褄模様

裾模様よりもさらに文様が控え目で、衽の前端にだけ文様を置いた形式の小袖。裾より高い位置で、衿下から文様が付いている（図26）。

②散点模様（単位文）

画面を「単位面積」に区切った「単位文」を散点的に配置したものや、規則正しく配置したものがある。この文様は「団文」とも呼ばれ、中に描く文様は動植物を主題にしたものから、想像上の動物まで様々であった（図27・28）。

この形式には、最初から画面を円や四角に区切って模様を描いていくものと、模様自体を丸くまとめたものがある。花の長い茎を円にまとめたり、龍の体を丸くくねらせて円形にしたり、一羽の鳥や蝶が羽を広げた形を円にしたりと様々であった。かつての日本航空のマークは鶴が羽を上に広げて円形にしたもので「鶴丸」といった。鶴は縁起がいいので小袖にはよく染められた。また、二羽の雀を向き合わせにして円形にしたものは「向かい雀」といって流行した。この他、植物を主題にしたものには、藤、竜胆、唐草などもあり、藤では「藤丸」といって藤の房をモチーフにしたり、藤の花房が上に向かっているものを「上がり藤」、下に向かっているものを「下がり藤」といった。

③親和染

元文（1736～1741年）頃から宝暦年間（1751～1764年）に掛けて、小袖の文様の一部に「文字」を入れることが流行った（図29・30）。

「親和染」というのは当時、深川に「三井親和」、通称「孫兵衛」という書家がいて、この人物が書

図 27　散点模様　振袖紅綸子地扇面散らし模様　刺繍・鹿子絞り・摺箔

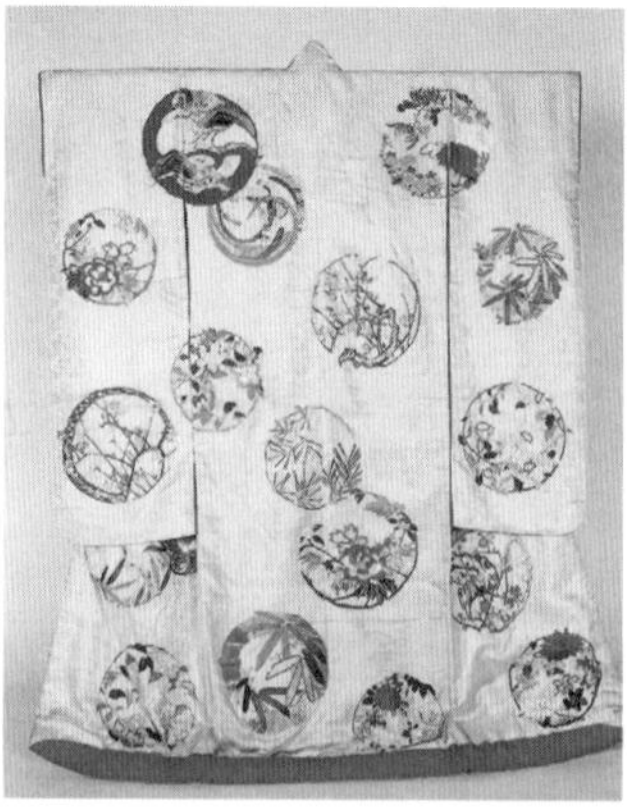

図 28　散点模様丸紋　浅葱地綸子に四季花丸（松竹梅菊花）

図 29　親和染　桜樹に文字

図 30　親和染　白地斜め縞歌文字模様

く「かすれた篆書」が世間にもてはやされ、元文・宝暦・明和年間には親和が揮毫した額や幟を神社仏閣に奉納することが流行した。これが派手や奇抜さを好む町人に受けて、親和の篆書文字を小袖に染めるのが流行するようになった。

描かれた文字はめでたい「寿」「福」「吉」「春」などが多かったという。

④絵画用構図

㋑御所解模様

寛衣形式の和服は平面裁断で構成されているので、背面（後身頃）には広い画面が提供される。そこに風景を抽象化せず、そのまま写生的に描くことが可能であった。

「御所解模様」と呼ばれる図柄は、山家の様子を描いた文様である。主に御所の女官たちの小袖の文様で、御所の女官が里帰りの折に着ていた文様を、町人達が特別な場合の小袖の文様として着用した（図31）。

庭の景色や山家の様子を切り取って、写生風に描いた文様で、小川が流れ、草花があり、所々に籬などを描いた風景である。

㋺海賦模様

「海賦模様」は、主に茶屋染と呼ばれる夏の小袖に染められた、海の景色を絵画風に描いた文様である。波や舟や島など海の景色に加えて、干し網や網代など浜辺の風景、磯辺の松並木などを写生的に描いた。また、海の風景の一部を切り取って表現しており、浪や小さい島などが散点的に描かれた。茶屋染小袖に描かれた海賦模様は主に帷子に染められたので、藍色だけで染められることが多く、涼しげな文様である（図32）。

⑤総模様

小袖全面に文様を描いた形式である。主題には様々な物があり、扇を全体に散らした文様は「扇面散らし」と呼ばれた。中には「掛け軸」を様々な方向に拡げた文様や、「書物」を散らした文様、「短冊に流水」「七夕の短冊」「編み笠」など、ユニークな主題の文様も見られる（図33・34）。

⑥充填構図——連続模様・縞模様

充填構図の最も簡単な物は「縞柄」である。これは「織りの過程」で、緯糸と経糸の組み合わせで文様が出来あがる。地紋のように布全体を充填的に、即ち隙間なくびっしり文様で埋め尽くす表現である。

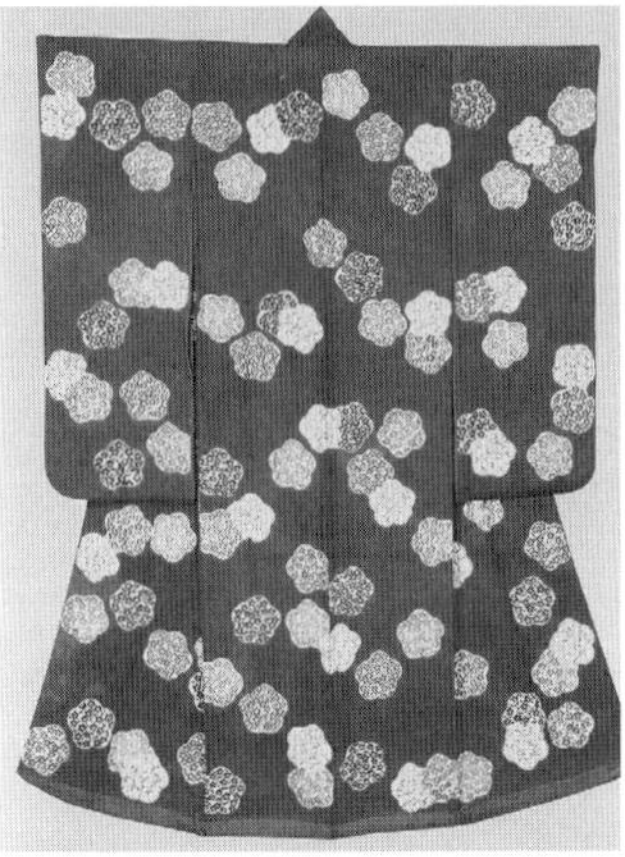

図 33　総模様　梅花散らし

図 31　御所解模様
京名所の風景画

図 34　総模様　桔梗模様

図 32　海賦模様　大波・洲浜・貝・
磯馴れの松など海辺の景色

また、縞柄の他にはどこまでも続く「連続文」がある。連続文は美的感覚の他に宗教的観念から「間隙（空間）回避」の思想の現れであるとも言われる。隙間があると、そこから悪霊が忍び込むという考え方で、イスラム教のモスクなどは外壁も室内の壁も模様でびっしり埋め尽くされている。

充填模様には、繰り返しと連続文様が多いが、連続するには幾何学的文様が多く用いられる。幾何学的文様の中には、日本独特の名称を付けた文様も多く、例えば「一の字繋ぎ」「石畳文（または市松模様とも呼ぶ）」「青海波」「鱗形」「亀甲」「花亀甲」「網代型」「七宝繋ぎ」「紗綾形」「格子」「菱格子」「翁格子」「麻の葉」「唐草」「葡萄唐草」「菊唐草」「立涌」「雲立涌」「雷文」「蜀江」「観世水」「回文」「回文と石畳文」「卵形舌状文」といった美しい名称で呼ばれる連続文が多数ある。唐草文も数学的リズムをもって繰り返される連続文である。これは植物を抽象化して表現したもので、「葡萄唐草」「菊唐草」「牡丹唐草」「蓮唐草」などがある（図13〜18・35〜42）。

⑦文字模様・判じ模様

江戸時代には「文字遊び」が盛んに行われた。文字と絵を組み合わせた物が多いが、中でもよく知られているのが、「斧（よきと読む）」と「琴」と「菊」を描いて〝良き事聞く〟即ち「グッドニュースが聞ける」としたり（図43）、「滝に釣り鐘」を配して〝金が湧く〟（図44）、「鎌」と「輪」の絵に「ぬ」の字を組み合わせて〝かまわぬ〟と読ませ「豪放磊落」を表すなど（図45）、遊び心や「とんち」

から出た文様であった。

また、「絵解き」の様な模様もあった。波間にお寺の鐘をあしらって「鐘（金）が沸く」と読ませたものもあった。

〈3〉文様表現の主題（テーマ）

小袖の文様に取り上げられる主題（テーマ）には、動物、植物をはじめ架空の動物など様々なものがある。特に吉祥を表す動植物や、目出度い文字を文様化したものが多く見られる。

吉祥を表す動物には、鶴、亀、蝙蝠（文字の作りに福の作りが入ることからめでたいとされた）、龍、蝶、鳥などがあり、植物では松竹梅、牡丹、菊などをテーマにした。また、文字もテーマとして扱われ、寿、福、春、吉、等の文字が使われた。これらの文字を美しい書体で書き散らして文様化したのである。さらに秋の七草のような草花や、兎、鹿、千鳥、雁、鷺、雀、燕、鶺鴒、蝶、蜻蛉、蛍などの小動物や昆虫を図案化したものなど、様々なものがテーマとして扱われた。これらの文様は、多くは「単位文」として、丸型や四角の中に抽象化して描かれた。

その他に江戸時代独特の主題として、文学の素養を踏まえた叙情的なテーマの文様や、謎解きを表した判じ模様がある。文学的教養を表した模様として有名なものには、江戸初期の能装束の厚板に、詩歌二句四首を書き散らした紅地と金の片身替わりの衣裳がある。また、「杜若と八つ橋」や「波に

図 35　一の字繋ぎ

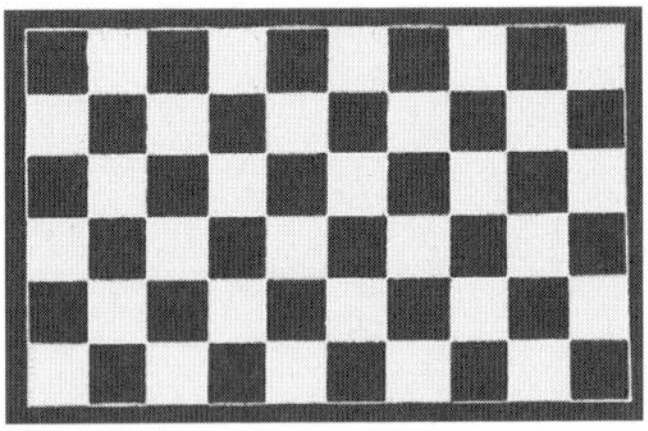

図 36　石畳（市松）

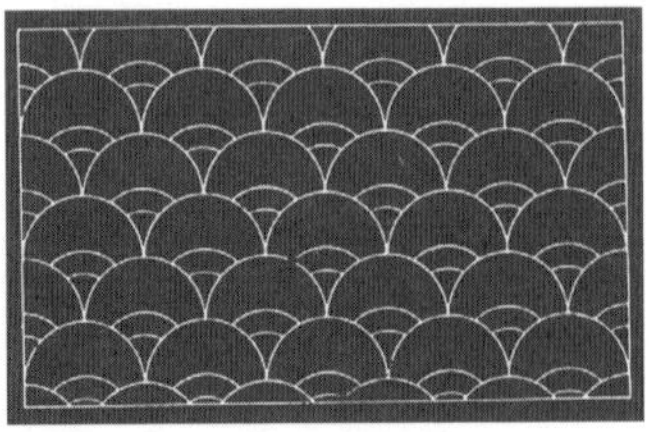

図 37　青海波（せいがいは）

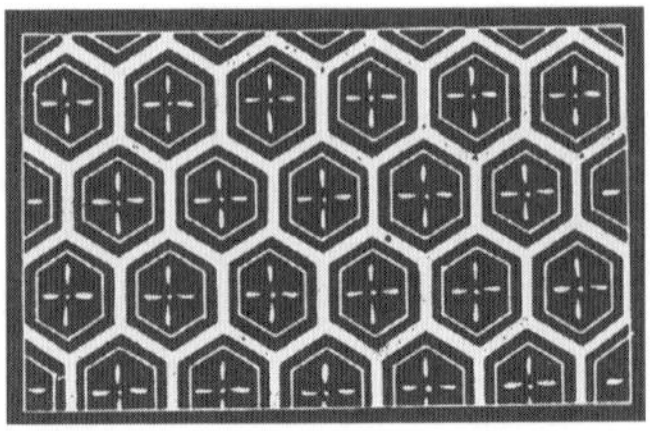

図 38　亀甲（きっこう）　花亀甲

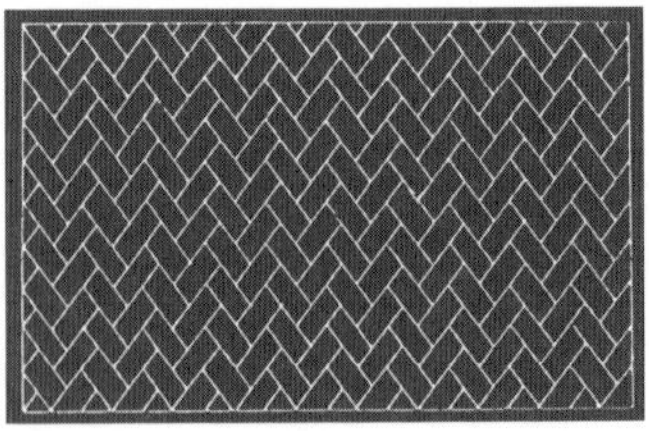

図 39　網代形（あじろがた）

図 40　七宝繋ぎ（しっぽうつなぎ）

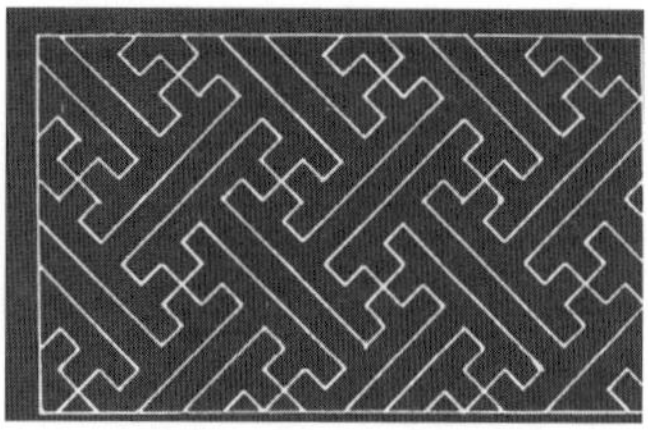

図 41　紗綾形（さやがた）

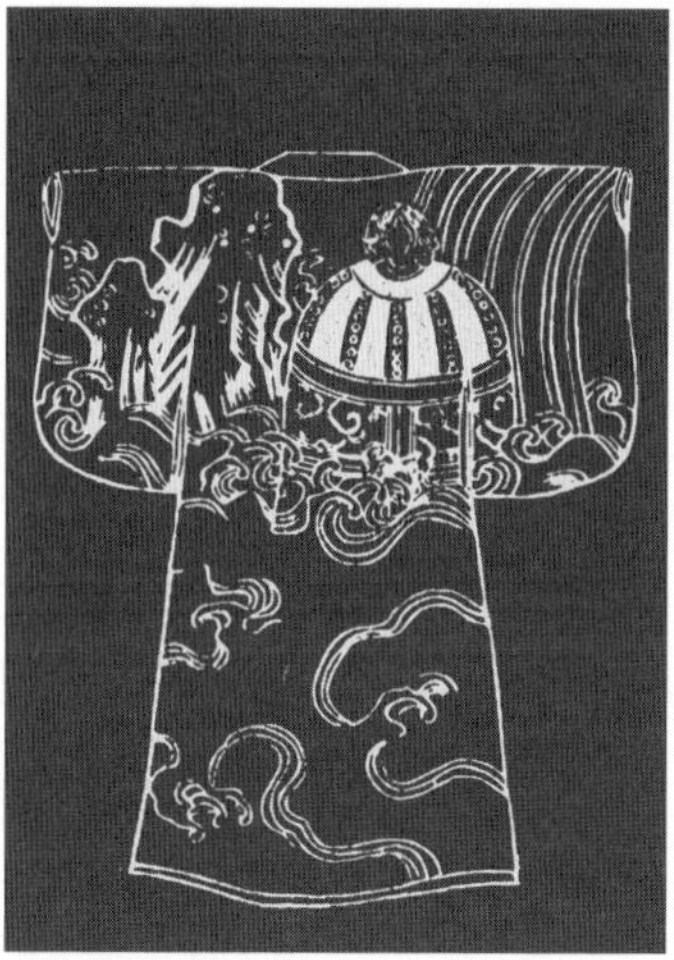

図 44　金が湧く

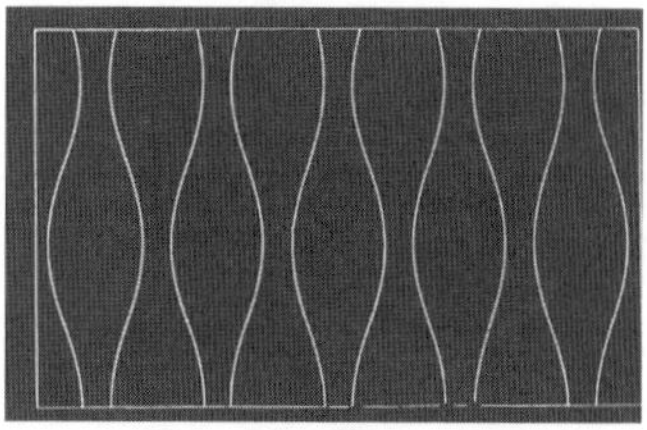

図 42　立湧（たてわく）

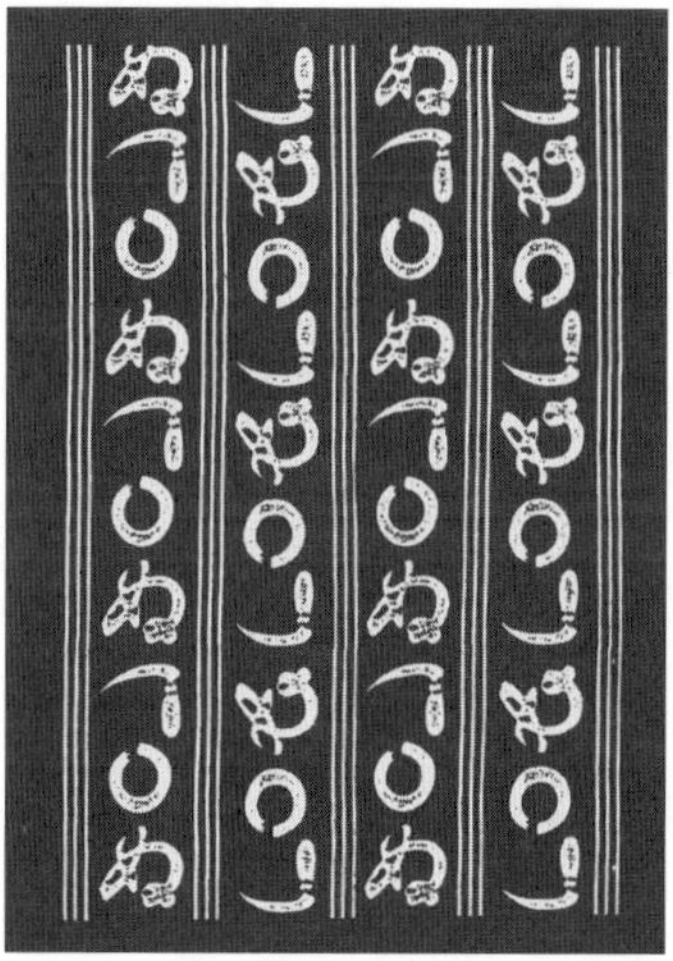

図 45　かまわぬ（鎌・輪・ぬ）

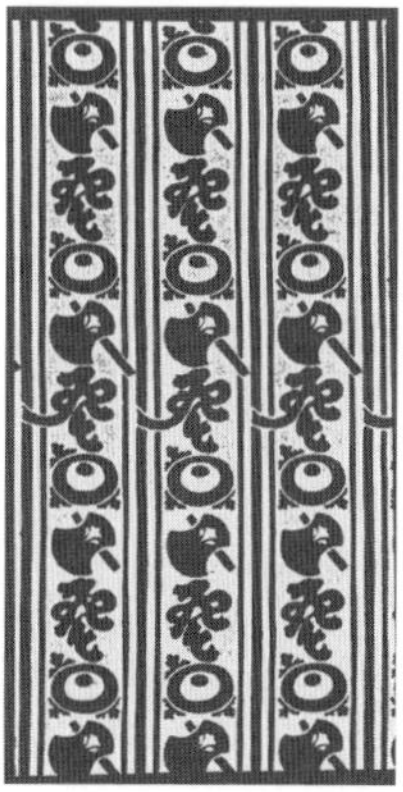

図 43　斧・琴・菊（よきこときく）

兎」の文様などは、『伊勢物語』や謡曲「竹生島」の予備知識があって初めて理解出来る文様である。

江戸の服飾で見落とせないのは、歌舞伎を源泉とする服飾の流行である。小袖の色、文様、帯の結び方、髪型、髪飾り、手拭い、その他の小物に至るまで、あらゆる服飾品に歌舞伎役者の芸名や屋号、俳号などを冠せたものが数多くある。

・三升（市川團十郎）……小袖の柄／三升煎餅・團十郎歯磨き・團十郎煎餅
・小太夫鹿の子（伊藤小太夫）……紫地の鹿の子絞り
・千弥染め（中村千弥）……紫の大絞り
・市松染・市松模様（佐野川市松）……石畳模様
・亀蔵小紋（市村亀蔵）……渦巻き文様
・小六染（嵐三右衛門の前名・小六）……斜めの雨絣・鶴菱つなぎ・紅白の手綱染
・路考茶（二代目瀬川菊之丞の俳名）……鶯色のさびたような色
　※宝暦・明和の流行界を風靡した――衣服ばかりでなく半襟・風呂敷・暖簾
・梅幸茶（初代菊五郎の俳名）……萌葱のうす色に鼠がかった色
・丁字茶（四代目岩井半四郎）……半四郎の定紋が丁字車／丁字の煮汁で染めた半四郎鹿の子
・菊寿染（瀬川菊之丞）……菊花に寿の文字＝衣服・帯・袋もの

・親和染……かすれた篆書の文字
・伝九郎染（中村伝九郎）……「太申」の文字
・高麗格子（松本幸四郎）……竪格子に子持ち縞
・仲蔵縞
・団七縞
・観世水（四代目澤村宗十郎）……忠臣蔵の狂言で小間物屋弥七の役で着た
・福牡丹（八代目團十郎）……顔見世狂言で勇み肌の役に着た福の角字に一輪の牡丹を一つおきに繋いだ

日本の和服は古代から「寛衣形式」である。即ち「直線裁ち」で、特に「型紙」というものを必要としなかった。従って、身体に添うのではなく、身体からは乖離して大きい画面が提供される。そこにはドレープやシルエットとは異なる美しさが求められた。それが色彩や文様であった。

小袖の表面装飾による服飾美の表現は、ドレープやシルエットによる表現と異なり、色彩や文様によって、衣服をより強く印象づけるものである。織りや染めによるさまざまな色彩や文様が施された衣服は、古くから世界のあらゆる国々で着用されてきたが、それは無地のものより色物の方が衣服の印象が強く、更に文様のある物の方が我々の注意を引きつけるからである。即ち、無地の物より、

「オシャレ心」を満足させるからである。

そこで、人々は様々な思いを込めて色彩や文様を考え出し、服飾造形の美を作り出したのである。

襲色目は平安時代に、決められた色の組み合わせの決まりのようなものである。

通常「十二単衣」といわれる重ね着は、唐衣の下に着る「袿」という衣服を、何枚も重ねて着るところからそう呼ばれた。

この袿は袷仕立てで、表の色と裏の色の組み合わせが、季節によって定められていた。ここに挙げた表はその組み合わせの色の選択である。名称は主に、季節の花や季節を現す語で表現した。

たとえば、春に「桜襲」といえば、表が白で、裏が二藍の組み合わせであった。

源氏物語には、登場人物の衣服の描写が細かく書かれている。

例えば、若紫の巻に、
二条の院におはしたれば、紫の君、いともうつくしき片生《かたお》ひにて、紅はかうなつかしきもありけり、と、見ゆるに、無紋の桜の細長、なよらかに着なして、何心もなくてものし給ふ様、いみじうらうたし。

(二条院にいらっしゃると、紫の君が子供っぽい姿で実にかわいらしい。紅もこんなに嬉しい色合いもあるのだと思える美しさ。無地の桜襲の細長をなよやかな感じに着て、無邪気なご様子はなんとも

「襲色目《かさねいろめ》」の一覧表

	呼び名	表	裏
春	紅梅	紅	紫（または蘇芳）
	桜	白	二藍
	若草	薄青	濃青
	柳	白	青
	菫	紫	薄紫
	山吹	薄朽葉	黄
	早蕨	紫	青
夏	呼び名	表	裏
	藤	薄紫	青
	卯花	白	青
	杜若	二藍	青
	花橘	黄（または経紅緯黄）	萌黄
	若苗色	薄萌黄	薄萌黄
	薔薇	紅	紫
	楝楝	紫（または薄色）	青
	菖蒲	青（または紅梅）	紅梅
	撫子	紅梅（または蘇芳）	青
	百合	赤	朽葉
秋	呼び名	表	裏
	桔梗	薄色(または縹・二藍)	青
	花薄	白	薄縹
	女郎花	黄	青
	藤袴	薄紫	薄紫
	蝦手紅葉	薄青	黄
	白菊	白	青
	月草	縹	縹
冬	呼び名	表	裏
	松雪	白	青
	枯野	黄（または薄香）	青
	椿	蘇芳	赤
	雪下	白	紅（中倍紅）

袷の表の色と裏の色の組み合わせに名付けられた呼び名

※谷田閲次・石山彰『服飾美学・服飾意匠学』（共著・1969年）収載の大関増業による集成（「止戈枢要」「色目抄」）から作成。

可愛らしい）

また、夕顔の巻には、

紫苑色の折りに合ひたる、うす物の裳あざやかに引きゆひたる腰つき、たをやかになまめきたり。

（紫苑色の季節にふさわしい着物に薄絹の裳をくっきりと結んだ腰つきは、しなやかで艶がある。）

空蝉の巻にも

……こき綾のひとへがさねなめり、何にかあらむ、上に着て……白きうすもののひとへがさね、ふたあいの小袿だつもの、ないがしろに着なして、くれないの腰ひきゆへるきわまで、胸あらわに、ぼうぞくなるもてなしなり。

（……濃い紫又は、紅の濃い色の綾の単襲であろうか、何かよくわからないが、上に着て、……白い薄絹の単襲に、二藍の小袿ふうのものをむぞうさに引っかけて、紅の袴の腰紐を結んだところまで胸をはだけて、自堕落な恰好である。）

（訳注者：玉上琢彌／『源氏物語』一九六五年・角川文庫）

第三章　ファッシンの移り変わり――世相と美意識――

ファッションの移り変わりは、その時代の美意識によって変化するものであるが、その美意識は必ず世相の影響を受けて変化する。その時代の世相は、社会情勢や政治や権力者の意向などの影響を受けて変化するものであり、ファッションはその影響を受けて、生まれるのである。

この章では世相と美意識の影響を受けて、ファッションがどのように変化してきたかを、古代から20世紀まで、時代を追って述べてみたい。

（Ⅰ）古代の衣服

古代と呼ばれる時代は現代から遡っておよそ５０００年前から始まる。エジプトで紀元前３０００年の記録と呼べる資料が見つかっており、そこから古代としての歴史が始まる。

古代以前は「考古学」の分野であるが、考古学と歴史学との線引きは「人間が意図して残した資料」が存在する時期からを歴史学では「古代」として扱う。古代以前の４万年、５万年前のオーリニャック期・マドレーヌ期と呼ばれる時代は「先史時代」として考古学の分野である。考古学の資料は洞窟に描かれた壁画や、土の中から発見される動物の骨や植物の種、道具類などの破片を資料として研究する。

古代以前に洞窟に描かれた人物像は背中や肩に細かい斑点の模様が描かれたり、手先に何かをはめているような線や点が描かれている（図8）。つまり、オシャレとは呼べないまでも、人類は身体になんらかの「飾り」を施しているところを見ると、オシャレに関心があったことが伺える。また、腰の部分に細い紐の様な線が描かれているのは、多分、捕った獲物をぶら下げるためと想像出来る。これは衣服が「表現性（オシャレ）」の他に「機能性」も兼ね備えていることの証しである。

古代の衣服は「懸衣」である。古代には裁断・縫製の技術が発達していなかったので、大きな一枚の布を身体に巻き付ける衣服、即ち、「懸衣形式」の衣服であった

一枚の布といっても大きさも違い、それを身体に纏う方法も、目的も、民族や地域によって異なっていた。古代に栄えたそれぞれの国の衣服について説明したい。

〈1〉エジプトの衣服

古代エジプトは歴史学上では、「初期王朝（紀元前3100年頃〜）」「古王国（前2700年頃〜）」「中王国（前2100年年頃〜）」「新王国（前1600年頃〜）」「末期王朝（前100年頃〜）」等に

図 48　古代エジプトの高官の像　丈の長い腰衣（前下がりにスカート状に巻き、その上に丈長のエプロンを付ける）

図 46　カーブのある腰衣（パーニュ）上半身には宝石を数連繋いだ胸飾り

図 49　イシス神に導かれる王妃フェルト・イヒ　イシス神：チュニックドレス、かつら、ヘアバンド、ハトホル神の聖牛の角がついた冠。王妃：カラシリス、胸高の位置に帯、鷹の羽飾りの冠。

図 47　メン・カーウラと女神（古王国第４王朝）王（中央）プリーツのある腰衣（パーニュ）、女神（左右）透明な薄麻地のチュニック。

分けられる。「末期王朝」時代にはペルシアに征服され、最終的には紀元前30年にローマ皇帝の属州となったが、古代エジプト文明は、3000年以上の長きにわたって栄えたのである。

古代エジプトは王が支配する国家で、人々は太陽神「ラー」を信仰していた。王は太陽神「ラー」の子「ファラオ」と呼ばれて、絶対的権力を持っていた。

衣服については、男子は通常、上半身は裸で彼らの衣服は、一枚の手拭いぐらいの大きさの布を腰に巻いた。これは「シェンチー」（図46）と呼ばれ、ちょうど現代の男性が温泉に入る時、手拭いを腰に巻いて前を隠すような形である。王様のシェンチーは特に「パーニュ」と呼ばれて、細かいプリーツが取ってあった（図47）。

クラークと呼ばれる大臣クラスの高官は、腰から下の前面に糊で固めた三角形の「エプロン」のような布を腰に付けたが、これは歩くたびに左右に揺れて貫禄があったという（図48）。

女子服は大きい四角の布を身体の脇から下の部分に巻き付けて、肩から紐で吊す形式のワンピースが一般的で、現代の女性のスリップのような形態であった（図49右）。

男女とも、その上から外衣として「カラシリス」を着用した。これは大きい四角形の布の中央に穴を開けて、そこから頭を出す「貫頭衣形式」の衣服であった（図49左）。

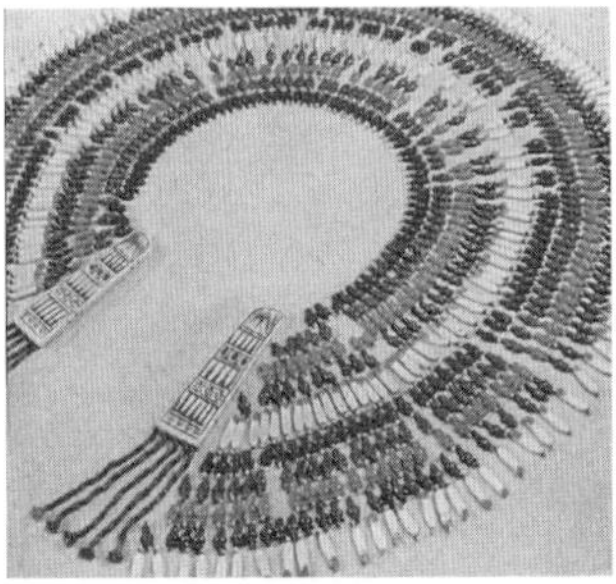

図 52　胸飾り（十数連のネックレス）幅は 20cm以上あり肩にかかるほどである。

図 50　男性：プリーツのある腰衣（パーニュ）、女性：カラシリス、胸高に締めた帯（ソーシュ）の先を垂らす、細かいプリーツが美しい。

図 53　新王国第 18 王朝　ネフェルティティの胸像

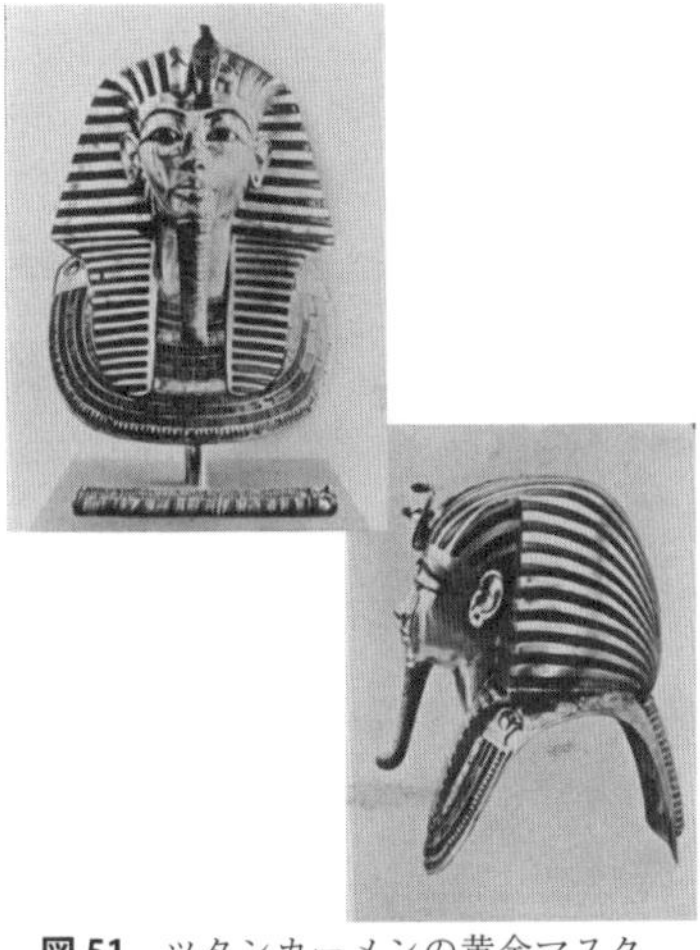

図 51　ツタンカーメンの黄金マスク（折り畳み式頭巾）

※カラシリス
およそ2メートル四方の大きな布の中央に穴を開けて、そこから首を出す「貫頭衣」であったが、着装する前に、細かく畳んで襞を作った。前にも述べたように、エジプト人は「太陽神ラー」を信仰したので、これは太陽光を布に再現したのである。これを纏うことで、「太陽神ラー」に守られていると感じたのである。エジプト人の美意識は、信仰から生まれたのである。

エジプトの服飾品で特徴的なのは「かつら」である。エジプトでは「体毛」を嫌い、髪の毛も剃っていた。それで、儀式やフォーマルな場所では、「かつら」は必需品であった（図50）。男性のかつらは17世紀のバロック時代に登場するが、それ以前は、古代エジプトだけで使用された。このかつらは、強い日光から頭皮を守る帽子の役目もあり、構造は頭皮と直接接触せず、台をおいてその上にかつらを載せる仕組みであった。頭皮と台のすき間から風が通り、頭が蒸れない工夫がしてあった。女性はこの隙間に香水を含ませた綿などを入れた。王や王妃はこのかつらの上に王冠を付けた。

また、高位の人は頭巾を被ることもあり、王の頭巾はたっぷりと襞を取った物であった。ツタンカーメンのミイラも「黄金の折りたたみ式頭巾」を被っている（図51）。

その他にも、エジプトの服飾で欠かせないものとしてアクセサリーがある。男子は通常、上半身は裸体であったので、大きな「胸飾り」を付けた（図52）。王様も通常は上半身は裸であったので、首から肩にかけて巨大なネックレスや、胸飾りのようなアクセサリーを付けた。このネックレスには数連の宝石が使われたという。例えば、エメラルド、メノウ、トルコ石、アメジスト、オニックス、ガーネット、ルビーなど、あらゆる種類の宝石が使われた。大きさは十連、二十連のものもあり、幅が20センチほどもあり、付けると肩に掛かるほどの幅が広く、肩から胸をすっぽり覆うほどの大きさであった。

エジプトの壁画を見ると、目の周りに大げさな「アイシャドウ」が描かれているのが目につく。これはオシャレというよりは「虫除け」のためであり、また、強い太陽光線から目を保護する役目もあったので、男女ともにアイシャドウは欠かせなかった（図53）。

エジプト人は体毛を嫌ったので、頭髪を剃り落とすことは先にも述べたが、髭も勿論剃り落とした。しかし、王は儀式を行う場合や、玉座にあるときは貫禄を示すために「付け髭」をした。この付け髭はカールしたものではなく、必ず「ストレートの髭」であったという（図47）。

〈2〉メソポタミア

メソポタミアという語は、ほぼ平行して流れるティグリス河とユーフラテス河の間という意味で、現在のイラク（バグダッド）の辺りである。ここにエジプト文明とほぼ同時期（紀元前５５００年頃～）に古代文明が発達した。エジプトが地理的に閉鎖的であったため、外敵の侵入を受けることがなかったのに対して、メソポタミアは東西の交通が交差する位置にあったため、多くの民族が興亡を繰り返した。従って、そのたびに既存の文化が破壊されたので、エジプトに比べて資料が非常に少ない。

名前が残っている王朝には、「アッカド王国」「シュメール都市国家」「古バビロニア」「アッシリア大帝国」、「ペルシア帝国」などがあり、最終的にはペルシアがこの地方を統一したとされている。六代ハンムラビ王の時代には中央集権が整い、「ハンムラビ法典」が制定された。これは1901年にスサで条文を刻んだ石が発見されたが、世界最古の法典といわれて注目を集めた。

エジプト民族が農耕民族であったのに対して、メソポタミアの民は主として遊牧民族であった。そのため衣服も動物性の素材が多く、面積の広い布を取ることが出来なかったので、二部形式の衣服であった。衣服についても資料は乏しいが、「カウナケス」という名前が出てくる。これは衣服名か素材名かはっきりしないが、衣服名とすると、腰に巻いた「腰衣」である（図55）。素材名とすると現在の「アストラカン」に似た毛織物で（図54）、くるくると巻いた毛が浮き出た織物である。動物繊維なので、大きい面積が取りにくいところから、30センチほどの幅の毛織物を、足首から身体の上に向かって螺旋状に巻いていき、最後は左肩に懸けて着装したらしい（図56）。

また、ペルシア人は、脚にぴったりした股引型のズボンを穿いた。古代では、左右の脚に分かれて穿く「ズボン形式の下衣」を使用したのはペルシア人のみであるといわれている。

外衣としては、「カンディス（Candys）」という「麻」、「絹」、「木綿」など薄手の毛織物で作られた

図 56　アシュル・ナシル・アプリ２世像（アッシリア／前９世紀頃）チュニック型・短い袖付き、丈長の衣服、房付きの捲き衣を螺旋状に巻く、カールした鬚。

図 54　前 3000 年代前半頃 マリの王妃の礼拝像（カウナケス：ウール製の衣服 頭上に帽子）

図 57　蛇の女神像（中期ミノアⅢ期・前 1600～1580 年）両手に蛇を持ち頭上にはクレタの聖獣である獅子の像, 短い胴着は皮製でボレロ風, スカートは裾広がりのシルエット, ウエストは異常に細い

図 55　ウルの旗章の部分（前 2700 年）牛の背に荷物を載せて運ぶ兵士（奴隷？）

「貫頭衣形式」のものを纏っていた。これは、初期には貴人のみが使用した外衣であったらしい。

男子は立派な髭をたくわえた資料が残っているが、エジプト人と違って自前の髭で、自毛をカールさせて威厳を出した（図56）。

装飾品は王朝が興亡を繰り返したのであまり残っていないが、金属加工には優れていたようで、金・銀を使ったイヤリングやブレスレットが発掘されている。

最後にこの地方を統一したのはペルシアであったが、ギリシャとのペルシア戦争（前490～480年）でギリシャに敗北したため、西洋文化に吸収されることになる。

〈3〉ギリシャ

ギリシャが栄える以前に、すでにエーゲ海のクレタ島を中心とした「ミノア文明（クレタ文明）」が紀元前2000年から1400年頃まで、エジプト文明の影響を受けて栄えていた。特に後期においては、クノッソス宮殿を中心にかなり高度な文明を持っていたことが、1900～1905年にかけて、イギリスのアーサー・エヴァンスによる発掘調査によって解明された。中でも「ヘビの女神像」（図57）と呼ばれるヘビを両手に握った女性の像が発掘されたが、この女神の服装が、二部形式のルネサンス期の服装に匹敵するほど高度な衣服で、謎に包まれている。しかし、このクレタ文明は紀元前1400年頃、南下してきたギリシャ人によって征服される。

ギリシャ人は紀元前2000年頃、ドナウ河付近から南下してきて、バルカン半島の南端、ペロポネス半島を中心に住み着いた。

ギリシャの国家体制は王制でなく、市民は女性と奴隷を除いて皆平等という考え方で、ポリス（都市国家）を基盤にした古代民主主義を布いていた。ポリスは小地域に根拠を置く共同的自治体で、大小100以上のポリスがあったが、中でも最大のポリスがアテネとスパルタであり、この両ポリスは人口100万都市だったといわれる。アテネにはイオニア人が多く、スパルタには主にドーリア人が集まっていた。後に軍事的にはアテネが海軍、スパルタが陸軍を担当し、協力して国家繁栄を成し遂げた。地理的にも気候温暖の地であり、ペルシア戦争（前492〜前449年）に勝利して、経済的にも裕福になり奴隷を多く使用して（ギリシャ市民一人に対して18人の奴隷を使用したという）、生活は優雅であった。

アクロポリスの丘に建つ、パルテノン宮殿からは古典文明の黄金時代の美術品である、大理石の彫刻・彫像・陶器・文献などが多く発掘されている。

ギリシャ人の衣服に対する概念（美意識）は「裸体賛美」であり、裸体の美しさを損なうことなく、裸体をより一層美しく見せるために衣服を着用するという考え方であった。

ギリシャの代表的な衣服は「キトン」または「ペプロス」と呼ばれる衣服である。一般的なイオニア式キトンは長方形の一枚の布であったが、一人ひとりの身体の大きさに合わせて作られた。大きさは、横の長さが着用者が両手を水平に伸ばした長さ（両肘丈）の2倍、丈はほぼ身長であった（図58〜61）。

従って、キトンはすべて家庭で着装者に合わせて作られるオーダーメードであった。着装法はこの横長の布を2つ折りにし、輪の部分を左脇に当て、右脇は解放した。肩は特別の留めピン（フビュラ）、または飾り針で留めたのち、これを数本の紐で身体に巻き付けると、ここに沢山の美しいドレープが作り出された。このドレープの出し方で、オシャレを楽しんだという。

主にドーリア人が着た「ドリス式キトン」は、さらに大きく丈が身長より20〜30センチ長く、上部を身頃のウェスト辺りまで折り返して二重にした。この折り返しの上にベルトを締めると、ツーピースのように見えるという優れた着装法であった。また、この折り返した部分を後ろから頭に被ったりした（図62）。

外衣としては「ヒマチオン」という名の衣服があり、やはり長方形の布であったが、丈がキトンより短めで、肩掛け風に羽織ったり、すっぽり頭を覆って頭巾風にしたり、様々な着装法があった（図63）。また、「ストラ」という外衣もあった。これはヒマチオンよりも丈が長く、女性のおしゃれ着のような外衣であったらしい（図64）。

これらの衣服に求められた美意識は、全て「ドレープの美」の表現であった。

頭巾の上から「トリカ」という麦藁帽を被ることもあった（図63）。

履き物はあまり履かず、素足が一般的であった。

図 60　デルフォイの馭者像（前 475 年）イオニア式キトン・麻製長裾、肩から襷をかけ袖をたくしあげている。

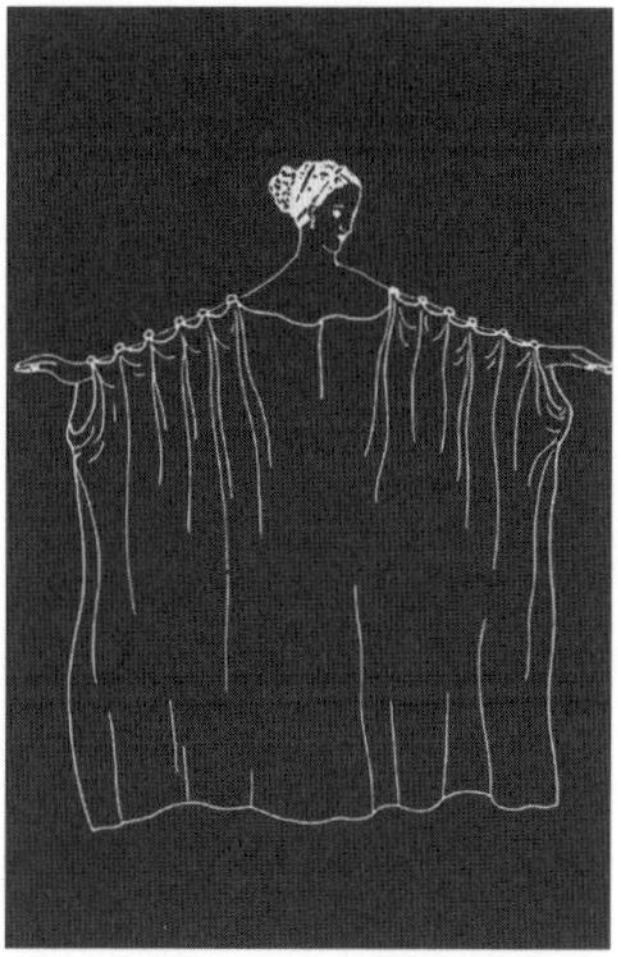

図 58　イオニア式の着装法（図 9 参照）

図 61　ギリシャの少女像（前 520 年頃）　イオニア式キトン（細かく編みあげた髪型、イアリングの装飾。

図 59　イオニア式の着装法（大きな長方形の布を紐を使って体に固定させる）　ドレープで美しさを表現する。

図 64　花を摘むニンフ（妖精）「プリマベーラ」（前 100 年頃）　背と腕をあらわにしてストーラをまとう。

図 62　哀悼のアテナ（前 500 年頃）　ドリス式キトン（ペコロス）　薄地ウール、折り返し部分（アポフチグマ）を長く取ってその上からベルトを締めている。ツーピース形に見えるコリント風の被り物。

図 65　ヴェヴィイのアポロン（前 500 年頃）細かくプリーツを取った薄麻地のキトンの上には紅褐色のヒマチオン。

図 63　タナグラの婦人像（前 4〜3 世紀）長裾のイオニア式キトン。上からヒマチオンを重ねている。ヒマチオンは全身を捲くように包み、後から頭を覆い、首に巻き付けている。頭上にはトリカ（麦藁帽子）。

髪型には気を使い、理髪店が繁盛したという。髪を三つ編みにして長く垂らした、アルカイックスマイルの少女の像は有名であるが、この髪型を結い上げるのには2～3時間を要したといわれている（図61）。ギリシャは紀元前215年頃から4回にわたるマケドニア戦争で疲弊し、紀元前146年、ローマに敗北する。

〈4〉ローマ

ローマがイタリア半島を征服する以前に、エトルリア人が小アジア方面から移り住み着いていて、独自のエトルリア文明を持っていたが、紀元前510年頃、ローマ人に征服される。

エトルリア人は古代には珍しく曲線を持った衣服文化を持っていた。これは「テベンナ」と呼ばれる衣服で、半月形のケープ式マントのようなものであった。テベンナは男女ともに、冠婚葬祭などの特別な場合に着用した、晴れ着のような衣服であったらしい。壁画に「葬礼の図」と見られる、テベンナを着た男女が並んで描かれている資料が残っている。ここに描かれた人物は、先の反り返った小型のブーツのような履き物を穿いているが、これは古代では珍しい（図66～68）。

エトルリアを征服した古代ローマ帝国は、最初は共和制であったが、社会構成は、貴族、平民、奴民、奴隷に分かれ、貴族が支配する国家であった。その後、紀元前27年にローマ帝国が発足し、395年に東ローマと西ローマに分裂するまで、エジプトまでも支配下に治め、現在のイベリア半

図 66　エトルリア（前 5 世紀）葬送の踊り　幅広いボーダー付きのチュニックマントや被り物にも縁飾りがある。

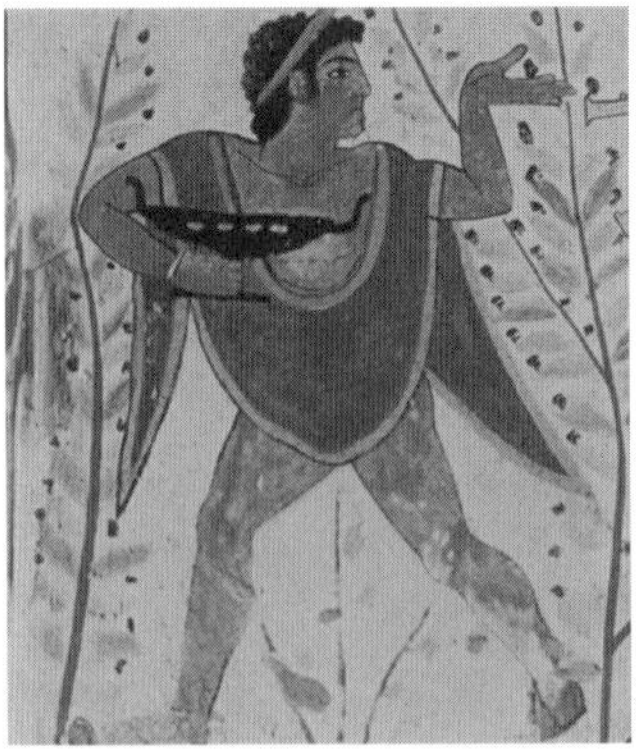

図 68　エトルリア人の服装（前 490 年頃）祝杯を運ぶ奴隷　広い縁飾りの付いたテベンナ

図 67　エトルリア人の服装（前 6 世紀末）踊る婦人　短い袖付き裾長のキトンにマント（裾線が曲線）。頭頂の高い裏地付き帽子（トウトウルス）は特有の被り物。革製（?）の靴も珍しい。

島の辺りまでを勢力下に置いた古代最大の国家となる。

古代ローマの代表的な衣服は「トーガ」と呼ばれる縣衣形式の衣服である。これは男女とも貧富の差にかかわらず、着用した民族服であった。形は「半円形」「半月形」とも「八角形の半切り」ともいわれているが、かなり大きなものであった。半円形として、直径が16フィート（5.6メートル）、丈が6フィート（2メートル）であったが、身分の高い人ほど、大きいトーガを着用した。この大きな布に結び目を作ったりして、留め具を使用することなく、身体に巻き付けて着装した（図69）。材質は主にウール、絹などであったが、着装法は「服制」によって身分別に定められていた。着装の際のドレープの位置までも細かく定め、皇帝の服装はドレープの位置によって名前まで付けられた（図71）。例えば、

「シヌス」は右腰上に垂らす大きなたるみ、

「ウンボ」は左肩ぎわから胸下に垂らした布を胸の辺りから引き出したたるみ、

「プレキントーラ」は胴から左肩に懸けた部分、

「ラキニア」は両脚の間に垂れた布、
というように細かい規定があった。着装法があまりにも複雑であったため、後に女子は着用しなくなり、次第に男子も着ることがなくなった。丈が徐々に短く帯状になり、後には儀式の際に、袈裟のように肩に掛けるものになった（図71）。

一般的衣服であったトーガが着られなくなると、一般服として登場したのが、簡単な裁断・縫製を

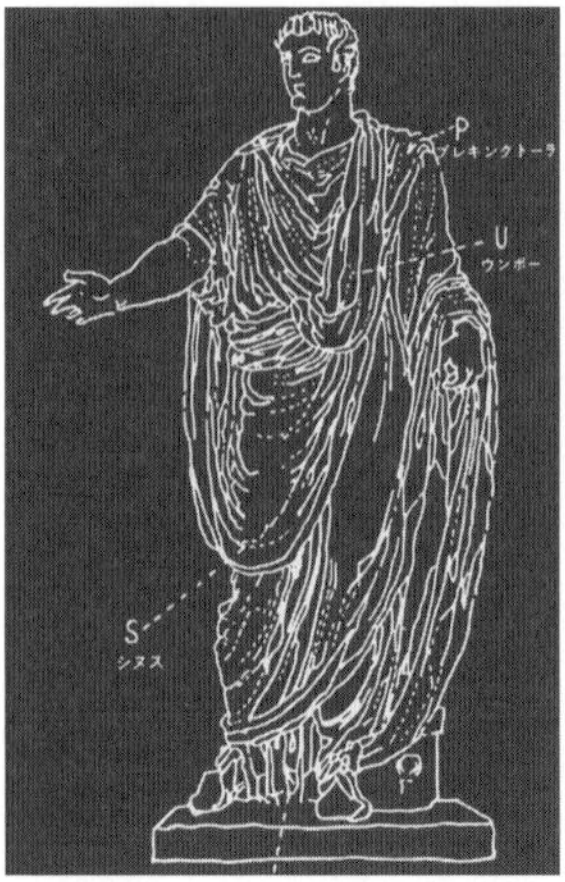

図 71　グランドトーガを正式に着た図　半円形または八角形の半切りの布を体に巻き付ける。ドレープを出す位置が決められており名前も付けられた。

図 69　アウグストウス・シーザー（前27〜14 年頃）グランドトーガ（古典的形態の皇帝用トーガ）大きさは直径 5.6 m、中心半径は 2 m。着装法（ドレープの取り方）に決まりがある。

図 72　パレンティニアヌス 2 世（390 年頃）末期的トーガ　幅が狭くなり直線のの長さが増し帯状になる。祝祭日の皇帝・貴族の正装。

図 70　聖母子（3 世紀後半 古代ローマ末期）身頃の幅が広くなったダルマニカ 身頃の肩から裾にかけて 2 本の細いクラヴィ

施した「トウニカ」という「T字型の衣服」で、丈は一般に膝まででであった。これは以前から、トーガの下に着ていた内衣が昇格して表着になったという説もある。四角い布の四隅を切り落として、脇を縫い合わせ、中央に頭を出す穴を開けた最も簡単な縫製である。腰には帯を締めたり、閉めなかったりした。従って、身体に密着することはないので、これを衣服の形状として「寛衣」と呼ぶ。

トウニカは男女ともに着用したが、ここで身分表示の為の「貼り付け装飾」が出てくる。それは「クラヴァス」、「クラヴィ」（図70）と呼ばれる、現代の「チロリアンテープ」のような刺繍を施したリボン状のもので、一種の「貼り付け装飾」である。クラヴァスは前身頃の中央に首から裾まで一本付け、クラヴィは左右の肩から二本付けられた。このリボン状の飾りの色・刺繍の主題・複雑さなどによって身分を現した。

大きく発展し、絶大な勢力を誇った古代ローマ帝国は、テオドシュウス帝（在位：379～395年）が、395年に死去すると、東ローマ帝国と西ローマ帝国に分裂する。歴史学上、この東西ローマの分裂をもって古代を終わりとする。


（※）NHKの朝の連続ドラマで「暮しの手帖」の創刊者をテーマにしたドラマが放送されていたが、終戦直後に和服を用いて「直線裁ち」の洋服を紹介する場面があった。型紙が不要で縫製も直線縫いのオシャレを紹介していたが、まさに、中世のトウニカの発想である。複雑な型紙が不要で、縫製も簡単なので庶民が喜んだという話も出てきたが、終戦後「アッパッパー」と呼ばれて、流行したことを思い出した。

（Ⅱ）中世の衣服

中世は別名「キリスト教時代」と呼ばれる時代で、キリスト教が絶大な勢力を持ち、「神中心の考え方」に支配された。

キリスト教的世界観がものの考え方の中心となり、建築から絵画、彫刻、音楽、文学に到るまで、すべての芸術は人間が楽しむものではなく、神に捧げる物として作られた。後に、これを「五大芸術」と呼ぶ。

建築は人間が住むための住居ではなく、「教会建築」、「寺院建築」などの宗教建築が中心であり、彫刻はこの教会の内部や壁面を飾るレリーフが主なものであり、絵画は教会の内部を飾る装飾画で、絵のテーマはキリストの誕生から生涯を描く「宗教絵画」であった。音楽は教会で奏でられる「宗教音楽」であり、文学は神を讃える詩が主なものであった。

つまり、中世は人間性が全く無視され、神中心の時代であった。神は尊いものであり、美しいものであって、それに対して人間は醜いものであり、従って人間の肉体も汚らわしいもので、神の目から覆い隠すべきであると考えた。そのため衣服の概念は、身体をすっぽり包んで、肌を神の目に触れないように心掛けると同時に、肉体のシルエットが表面に現れないような衣服を着用した。

（※）教会の宗教絵画は、金持ちが自分たちの功徳のために画家に描かせて奉納した。テーマは先にも述べたように「キリスト」

であったり、「聖母マリア」であったりと、聖書に基づいたテーマを描いた画を奉納した。しかし、奉納者はその絵を自分が奉納したこと示したいために、絵の左下に小さく跪いてキリストやマリアを拝んでいる人物として、自分の家族や一族を小さく描いてもらったといわれている。

〈1〉ビザンチン帝国（東ローマ帝国）

ビザンチュム（現在のイスタンブール）は黒海の南端に位置する。ここは古代にはギリシャの「保養地」のような場所であった。ここがビザンチン帝国の首都として、15世紀半ばまでおよそ1000年の間、栄えることになる。中でも6世紀に君臨した「ユスティニアヌス皇帝」の時代に文化的に大きく発展し、「中世のパリ」といわれたほどであった。ユスティニアヌス皇帝（図73）はテオドラ皇妃（図74）とともに、様々な事業を興し功績を残した。大学の創設・ローマ法典の大成・寺院の建設・養蚕の技術の導入などを手がけ大成させ、中でも「養蚕」は服飾文化に大きく貢献した。

絹はそれまで中国の専売特許であり、「絹の道」を経てヨーロッパにもたらされたが、ヨーロッパ人には貴重で憧れの対象であった。それを宮廷内で織り出すことを成功させ、絹を使用したビザンチン服は、中世を代表する優雅な衣服であった。

古代末期に登場した寛衣は「ダルマチカ」と呼ばれ、男女共に一般服として着用された。

中世の衣服に対する概念は「人間の肉体は汚らわしいもの」であり、それ故「衣服は神の目から肉体を覆い隠すためのもの」という考えであった。従って、身体のシルエットが表に現れないような衣服が着用された。

「トウニカ」、「ダルマチカ」と呼ばれた衣服は、肉体のシルエットを表に出さない、一続きの横幅の広いダブダブの「T字型の衣服」であった。

ダルマチカにも身分表示のための「クラヴァス」「クラヴィ」が付けられ、これは高貴な身分の印であった。

外衣としては「パルダメンタム」という四角形の布を右肩で留めて着用したが、その留め具は「セグメンティ」という丸型のブローチかワッペンのようなもので、キリスト教徒の証であった。また、「タブリオン」という身分表示のための飾り布が右脇に付けられた。この貼り付け装飾は、大きさがおよそ30センチ四方の布で、タブリオンにはキリスト教にゆかりの星・羊・オリーブなどの文様が付けられた（図73・74）。

この時期に服飾史上初めて「ホーサ」という脚衣（下半身の衣服）が登場する。これはストッキングのようなもので、色は白が一般的であったが、ユスティニアヌス皇帝は「紫のホーサ」を穿いたという記録がある。紫色の染料は「チュロス貝」から採取し、チュロス紫は高級品であったので、皇帝の威厳を表すために「紫色のホーサ」を身に付けた。チュロス貝１００万個から「チュロス紫」は１グラムしか取れないという記録もあり、この染料はかなり高級な物であった。

図 73　ユスティニアス帝と廷臣たち（547 年）　ラヴェンナの聖ヴィターレ教会堂内のモザイク壁画

図 74　テオドラ皇妃と従者たち（547 年）　ラヴェンナの聖ヴィターレ教会堂内のモザイク壁画

「ホーサ」という脚衣の名前がこの時期に初めて登場するが、それまで一続きであった衣服が、二部形式になっていくことが分かる。この後、上衣と下衣に分かれた形式が一般的になる。

装身具には真珠、黄金、宝石類が使われた。

11世紀には人口100万人の大都市となり、商工業が発達し、絹・毛織物・毛皮・絨毯・象牙細工・宝石細工などの技術が発達し、「中世のパリ」といわれる程の豪華さを誇ったが、1453年、セルジュクトルコに滅ばされる。

〈2〉ゲルマン（西ヨーロッパ帝国）

4世紀末にローマ帝国が東西に分裂したあと、西ローマ帝国は476年にゲルマン民族によって滅ばされる。ゲルマン民族はヨーロッパ北方の狩猟民族で、東ゴート族、西ゴート族、フランク族、アングル族、サクソン族など、様々な民族に分かれていて、ヨーロッパの北方地域に暮らしていた。歴史上、「ゲルマンの大移動」といわれるのは、4世紀末、匈奴に追われた西ゴート族が、ドナウ河の下流を渡って、ローマ領内に移住してきたことから始まる。

彼らは寒い地方の住民なので、身体は毛深く、動作も鈍かったので、古代ローマのタキトゥスや、トゥキュディデスなどの歴史家たちは、ゲルマン民族について、「身体全体が体毛に覆われ、一日中、炉の火の傍にうずくまって過ごす。獰猛な性格で……」と記述している。

ゲルマン民族は紀元前からたびたび南下してきてローマ帝国を脅かしていたが、そのつどローマ帝国に追い返されていた。

西ローマ帝国が弱体化するのを見て、フランク族のクロビス王が西ローマ帝国を滅ばして、481年「フランク王国」を建てた。その後、ローマ教会と結び、フランク王国は発展するが、カール大帝（チャールス大帝）が814年に死去すると、王国は、東フランク、西フランク、中部フランクに分裂した。このときの東フランクは現在のドイツ辺り、西フランクが現在のフランス辺り、中部フランクが現在のイタリア辺りであり、ここに現代のヨーロッパの基礎が出来あがることになる。

これはほぼ10世紀頃のことで、この時期を「ヨーロッパ中世発端期」と呼ぶ。中心となったのは、古代ローマ人が「野蛮」と蔑んだゲルマン民族であったことから、「ヨーロッパの人的資源はゲルマンである」といわれている。

ゲルマンの服装は、狩猟民族であったことから、素材は「獣皮」と「粗毛ウール」で、二部形式の衣服であったらしい。

ユトランド地方の沼地から発見された木棺の中に、衣服を纏った男女の死体が発見されたことから、1～3世紀頃の北方ゲルマン民族の服装が解明された（図75）。

木棺の中の男子は上衣と下衣の二部形式で、ラシャ製の肩掛け式の上衣と下衣は細めのズボン形式の衣服であった。女子の上衣は襟刳りが大きいケープ式で、下衣は厚地の粗毛で出来たロングスカートを穿いていた。

男子の正装は「武装」であり、ほっそりしたズボン形式の脚衣を穿いた。また足には、獣皮を縫い合わせた半ブーツを穿いた（図76）。

女子も二部形式で胴着とスカートの組み合わせで、素材は厚手のラシャ、粗毛などで、スカートの胴回りにはギャザーを寄せた（図76）。

北方の野蛮民族であったゲルマン民族が、西ローマ帝国の優雅な文化に接した驚きは大きく、早速、従来の民族服と優雅なビザンチン服との折衷を試みるようになる。二部形式のゲルマン服の上からトウニカを羽織ったり、外衣であるパルダメントムを着用したりして、ローマ化していった。

ゲルマン民族の女子は二枚のトウニカの重ね着をして、オシャレを楽しんだりして、ビザンチン化を試みた。

この間、ヨーロッパでは「十字軍の遠征」ということが起こる。十字軍は１０９６年に第一回十字軍が東方遠征に赴き、１２７０年まで7～8回にわたり、聖地エルサレムに向けて出かけて行った。

これはキリスト教徒にとっては「聖地」であるエルサレムが、回教徒のトルコ人（セルジュクトルコ）によって占領されていたため、その奪回がローマ法王の指揮のもとに企てられた。結果としては、十字軍の遠征はヨーロッパ世界と東方世界が強い接触を持つことになり、その後の文化に大きい影響をもたらした。

図 77　パルレモで制作された麻布のシェーンズ（1181 年製）刺繍のある最古の現存衣裳。裾に「1181」と刺繍した文字があり、ヴァイオレット色の絹の縁飾り、衿のまわりやヨークにも刺繍がある。

図 75　ゲルマン民族の服装（再現画）男性：サグマ（長方形の外衣を直接肌に纏う）、腕の金属製の飾り（族の長の印）。女性：二部形式の衣服（ベルトの中央に青銅製のバックル／貞操の印）。

図 78　神聖ローマ帝国皇帝オットー 3 世（996 年）ビザンチン風のシェンスとブリオー。従者はゲルマン風の衣服上にビザンチン風のブリオーを羽織っている。

図 76　フランク族の服装（4 世紀頃の再現図）　服に優雅なビザンチン風が加わる。男性：ズボン形式。女性：ゲルマン民族服とローマ服の融合（胸の意匠・革ベルトはゲルマン風、ゆったりとしたチュニックはローマ風）。

十字軍遠征は東方の珍しい絹織物や薄地の布の輸入など、衣服文化にも大きい影響をもたらしたが、西方勢力の東方への進出にもなり、各地に「中世都市」が生まれた。フィレンツェ、ミラノ、ヴェニス（ベネチア）、ピサ、ジェノバなど現在のヨーロッパの主要都市は、十字軍遠征によって基礎が作られた。

〈3〉ロマネスク（Romanesque）時代／中世中期（11～12世紀）

ロマネスクとは「ローマ風」と言う意味で、ゲルマン民族が文化のあらゆる面で「ローマ風」に憧れて、ゲルマン文化とビザンチン文化が融合していく時代である。

ロマネスク時代の衣文化は、男子服、女子服とも形状は異なるが、呼び名はほとんど同じである。先ず「シェンス」という内衣があり、これはトウニカの形式でT字型の衣服である。袖はタイトの長袖で、上半身はかなりぴったりしていた。そのため、前身頃はボタン留めやループ留めにした。素材は白麻、絹のクレープ、上質の麻、薄地の毛織物などであった。トウニカとの違いは、刺繍や襞で装飾したことで、東方のビザンチン的優雅さが取り入れられた結果である。この時代に作られたシェンスの現存衣装があり、裾にアラビア文字の刺繍で「１１８２年」という文字が描かれている（図77）。

外衣としては「ブリオー」を男女ともにシェンスの上から着用した。ブリオーの特徴は袖口が広いこと、特に女子のブリオーは袖口に向かって漏斗型に拡がり、優雅であった。外衣としては、この他にも「パリューム」、「マントル」などがあり、マントルは半円形または長方形であった（図78）。脚衣としては、男子は「ブレー」という麻製で、形はダブダブした現在のステテコ風のものであった。「ショース」は靴下風のもので、男女共に穿いた。

〈4〉ゴシック（Gothic／13～14世紀）

ゴシックとは「ゴート風」と言う意味で、野蛮なゲルマン民族、ゴート族という意味である。この時期、優雅なビザンチン風が衰退して、新しく生まれた美術様式であった。その大きな特徴は、「尖塔」という細く、高い塔を多く持った宗教建築、即ち、教会が建てられたことである。パリのノートルダム寺院が代表的であるが、ヨーロッパのあちこちにこのような尖塔を持った建物が建てられた。先の尖った鋭角的な塔は、無限大に天に届き、「天にまします神」に繋がると考えた。この時代の「美意識」は形ある物は「鋭角的」であることを理想とした。美意識の中で、ゴシックの「尖塔的」という美意識は、最も顕著なものである（図79）。

衣服文化は11世紀のロマネスク時代に残っていたビザンチンの影響は衰える。

男子服の基本型は「コット」と「シュルコ」の組み合わせが一般的であった（図80）。コットはロマネスク時代のシェンスの変化したもので、T字型の内衣である。丈は膝丈のものも、脛までの長さのものもあった。腰に細いベルトを結び、現在のブラウジング風に上半身にたるみを作り、腰に締め

図 81　ジャンヌ・ド・ブローニュ像（14 世紀末）新型のコルティ、シュルコ・トウベール　前当て付きのシュルコ　脇の袖刳りは極端に大きくスカートは長くゆったり。髪型は編んで髷にまとめ豪華なヘアネットで覆う。

図 79　ノートルダム寺院　ゴシック建築の代表例　多くの尖塔をもつ様式である

図 82　聖ジオルジュ像（十字軍騎士の服装）　衿付きの鎖帷子、シュルコ（外衣・袖無し丈長・腰にベルト・後ろ裾に割れ目）、ショース（脚衣）。

図 80　鷹を手にする青年（アミアン聖堂の彫像）T 字型のコット、脇を大きく刳ったシュルコ（サイドレス・ガウン）。

たベルトを隠すように着用した（図82）。これは元来、十字軍の兵士が鎖帷子の下に着ていたものである。シュルコは外衣でブリオーの変化したものであり、袖が付いたり、無かったりした。袖の無い形のものは、袖刳りを大きく明けて、下に着ているコットを見せた。丈は足首までのものが多かった。男子用のシュルコには、裾に乗馬のための裂け目があった（日本の陣羽織に似ている）。

女子の衣服も男子と同じく、コットとシュルコの組み合わせであったが、この頃から名前は同じでも、形状が男子服とは大きく異なってくる。

女子のコットは、上半身を細く見せるために背中に穴を開け、紐を通して身頃にぴったりさせた。腰の辺りにベルトを締めたが、着付けには細心の注意を払ったという。袖は長いタイトスリーヴで、肘から袖口にかけて、ボタン掛けにした。外衣であるシュルコは一般に袖は無く、袖刳りをウェストより下まで開けたので、脇が大きく開き、「サイドレスガウン」と呼ばれた。丈は長く、歩くときは裾を持ち上げたり、胸高に締めた帯に挟んだりした。

14世紀になると新型のシュルコが流行する。これは「シュルコ・トヴェール」と呼ばれるもので、袖刳りが大きくなりすぎて、脇はヒップのあたりまで開くようになったので、前身頃の幅が狭くなり、ここに毛皮などで作った「前当て」のような物を付けた。これには中央にボタンを並べて付けて飾りにしたので、「前当てシュルコ」と呼ばれた（図81）。

さらに14世紀には、コットとシュルコの組み合わせに代わって「コタルディ」という衣服が現れる。

これは男女ともに着用したが、身体にぴったり仕立てられた衣服で、服装史上初めて「窄衣」が現れたのである。つまり身体にぴったり沿わせるには、裁断と縫製の技術が進歩して、身体の線に忠実な仕立てが出来るようになったのである。コタルディは胸元や袖口をボタン掛けにして、身体に沿うようにした（図83）。

このコタルディには新しく「ウプランド」というマント形式の外衣が着られた。これも男女ともに着用したが、袖が全体にゆったりしていて、「グランド・ウプランド」と呼ばれた物は、丈が床に付くほど長かった。ウプランドの特徴は、袖口と裾が「鋸歯状」「柏葉状」になっていたことである。端をギザギザにすることは現在の技法でも難しいのだが、ウールなどのしっかりした素材で「切りっぱなし」にしたと考えられる。豪華な衣服であったという（図84）。

イギリスとフランスの間で百年戦争（１３３７〜１４５３年／オルレアンの少女と言われたジャンヌダルクが活躍した）が勃発すると、男子服には軍服として「プールポアン」という新しい衣服が生まれ、男子服はこの後も長くこのプールポアンの名称が続く。元来は鎖帷子の下に着込んだ衣服であった。プールポアンは「詰め物をして、刺し子にした衣服」という意味で、「ダブレット」とも呼ばれ、後には宮廷服としても着られる男子服の基本型となる。特徴は上衣の丈は腰のあたりまでで、肩や胸に詰め物をして膨らませ、胴を細く見せた。前身頃はボタン掛けで、袖は肩の辺りを詰め物で膨らませたが、袖口に向かってぴったりと細身であった。

脚衣は「ショース」とも「ホーズ」とも呼ばれ、靴下とパンツが繋がった、現在の「パンティストッキング」に似た形状のものであった（図83）。上端に金具を付け、それをプールポアンの裾に開けた穴に通して着用した。このショースもプールポアンとともに、形を変えながら17世紀まで男子服の基本型となる。

先にも述べたように中世は神中心の考え方の時代であったので、宗教建築である教会には、鋭角的な高い尖塔が多く付けられた。この鋭角的な様式「ゴシック様式」が当時の美の基準であり、服飾にも「尖った形」があちこちに取り入れられた。

とんがり帽子の「エナン帽」は男女ともフォーマルな場所では欠かせない帽子であった。頭頂の高い物は2メートルに及ぶものもあった。また、その先にボンボンのような飾りを付けたり、ヴェールを付けたりした。ヴェールは蝶々が羽根を休めたように優雅であるといわれた（図86・87）。

足元には「プーレーヌ」と呼ばれる男性用の靴が流行った。プーレーヌは布製のとんがった靴であり、長さが60センチもあるものもあった。あまり長いので、歩くときには先がパクパクするため、つま先に紐を付け、その紐を腰に結びつけて歩いたという。イギリスのアルバート美術館には「プーレーヌ」の現物が残っている（図85）。

このエナン帽とプーレーヌは、まさに、機能性を無視した、服装史の中でも「美意識先攻」の珍しいファッションであった。

図 84　ウプランド：14 世紀末〜15 世紀に流行したワンピース型の豪華な外衣。曳き裾が特徴でエナン帽は長いヴェール付き。

図 83　男子のコタルディとショース（14 世紀頃）　新型コタルディはバッグスリーヴ（立ち衿）。ショースは左右を染め分け、脚にぴったり合わせ、つま先を尖らせる。

図 85　プーレーヌ（布製の履き物・14 世紀）　ゴシック様式を取り入れたデザイン（現存）。

図 88　ウィンプル（1320 年）婦人の頭部像　キリスト教的思想から肌を隠す目的の被り物。首から耳までを覆う一種の垂れ頭巾。両側の鬢の部分にピン留めして固定、顔を最大限に覆う。

図 86　貴族の結婚式（1465 年）花嫁は曳き裾のウプランドにヴェール付きのエナン帽。花婿はプールボアンの上に詰め物をしたジャケット、靴はプーレーヌ。

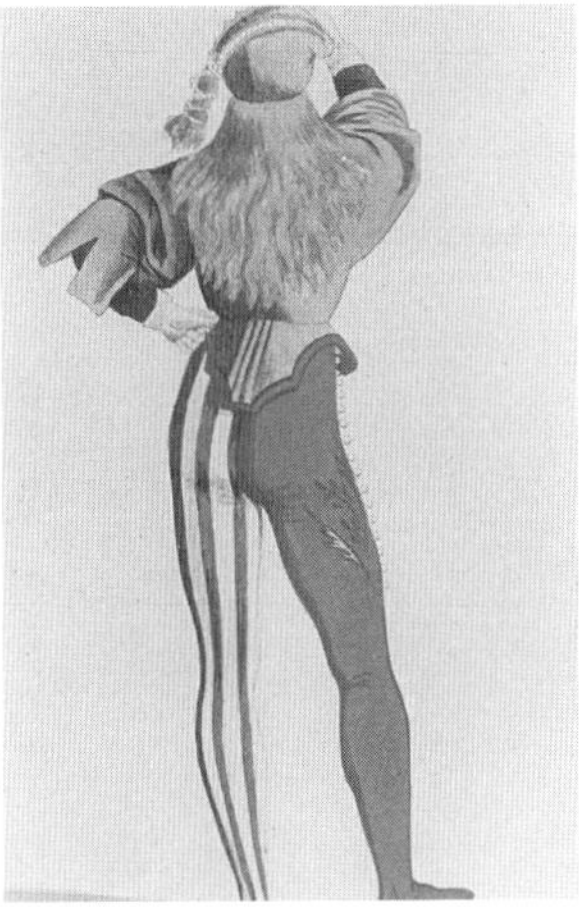

図 89　染め分けしたショース（14 世紀）　ミパルチィーというオシャレの手法。女性のドレスから始まったオシャレが男性にも流行した。

図 87　エナン帽（1450 年頃の婦人像）ゴシック様式を取り入れたフォーマルな場合の帽子（高さ：1～2 m）、頭頂部にヴェール・蝶が羽を広げて休んでいるようと言われた。外衣はウプランド。

また、キリスト教的考え方から、醜い人間の肉体を神の目から隠すという意識のもとに流行した「ウィンプル（Winple）」という女性用の帽子が流行った（図88）。これは目と口だけを残して、顔をすっぽり覆い隠すものであった。画像を見ると、さぞ鬱陶しいだろうと思われるが、女性の間では「誰でも美人に見える」というので、流行したという。

（※）江戸時代の御高祖頭巾も目鼻だけを出した被り物で、やはり「誰でも美人に見える」と女性の間では流行したという。

中世の神を讃えるという世相が、美意識を左右して生まれた流行とは別に、社会制度がファッションに影響を及ぼしたといえる大きな流行があった。

それは「ミパルチー」と呼ばれるオシャレで、衣服を二部・四部に「染め分ける」ことが流行った。中世には荘園を中心とした政治形態が確立し、領主と領民の関係が親密になり、中世封建制度が生まれた。この時期、それぞれの荘園の所属を表す必要から「家紋」の原型が生まれ、家紋は所属する集団や出自を表す重要な物となっていく。

衣服にも男女ともに「家紋」を取り入れるようになっていくが、日本の和服のように限定された場所に入れるのではなく、家紋を文様化して衣服全体に現した。特に女性は結婚すると婚家の家紋と実家の家紋を染め分けた衣服を着用した。中世末期にはこのような「染め分け手法（ミパルチー）」のオシャレが流行し、後には男子までも家紋に関係なく、染め分けの手法のオシャレが流行した。

下衣のショースにも右脚・左脚を異なる色に染め分けたり、無地と縞柄を組み合わせたりして、ミパルチーのオシャレを楽しんだ（図83・89）。

その後も家紋を衣服の柄に用いることは、引き続き行われ、17世紀のルイ14世のマントには、ブルボン家の家紋である「百合の花」をデザイン化した文様が付けられている。

この家紋をデザイン化した文様は、絵画を鑑賞する場合に役立つもので、18世紀の貴婦人の肖像画を見る際、王妃は衣服の文様以外にも、必ず画面のどこかにブルボン家の家紋である「百合の花」をデザイン化した物が描かれている。この「百合の花」が描かれていなければ、この貴婦人は王妃ではなく「王の愛妾」ということが判断出来るのである。それが顕著なのは、ロココ時代にファッションリーダーと呼ばれた、王の愛妾であったポンパドール夫人の肖像画である。数多く残されているが、どれも画面に百合の花の文様は描かれていない。

中世の服装史上、特筆すべきことは、12世紀頃に「仕立屋のギルド（組合）」が結成されたことである。13世紀に入ると服飾関係のギルドが十数団体もあったという。これは今までの「自給自足」の社会から、専門職に分化したことであり、服飾界でも技術が格段に向上したことを意味している。中には「型紙の専門職」、「裁断の専門職」、「縫製の専門職」があって、複雑な裁断・縫製も可能になり、身体にぴったり沿う「窄衣」が可能になったと思われる。

（Ⅲ）近世の衣服

神を中心とした考え方の中世から脱却しようとして、15世紀に入ると人々は人間の解放を求めてルネサンス運動を興した。つまり、中世の堅苦しい考え方に対して、もっとのびのびした、明るく思想的に自由な生き方に憧れ、望むようになった。

「ルネサンス」は「人間性の解放」「人間性の再生」を意味するといわれている。ルネサンス運動はこのようにして始まったのである。

肉体を汚らわしいとするそれまでの考え方から、逆に人間の身体は美しいものであると考え、衣服はその美しい肉体を、より一層美しく見せるために着用するのだと考えた。そのためには、その時代の世相に合ったある一定の「美の基準」を設けて、それに従って衣服を制作することを試みた。

ルネサンス期の人々は美の基準を「均衡の美」、即ち釣り合いの美しさに求めた。人々が「釣り合いが取れている」と感じるのは「安定の美」であり、大きい物の上に小さい物が乗っていれば「安定している」「釣り合いが取れている」「バランスが良い」と感じる。そこで、衣服のシルエットも「均衡の美」を求めて、上半身を小さく、下半身を大きくすることによって、安定した釣り合いの美しさを表現しようとした。

しかし、人間の身体は抽象的に捉えれば、細い筒型の一定したシルエットである。それを人工的に変えることを思いついたのである。つまり、「補助器具」を使って「均衡の美」「安定したシルエット」を人工的に作り出すことを初めて考え出したのが、ルネサンス期であった。

これ以後、西洋女子服の歴史は「補助器具の歴史」、「シルエットの変化の歴史」と言っても過言ではない程、シルエットにこだわったのである。

〈1〉ルネサンス期（15～16世紀）

【15世紀】

十字軍のエルサレム遠征によってイタリアを中心に多くの「中世都市」が生まれた。都市と産業は切り離せないが、新しい中世都市には織物産業が発達し、多くのブルジョワジーが台頭し始める。中でも一番財力を蓄え、銀行を設立し幅をきかせたのは「メディチ家」で、支配地は「メディチ公国」と呼ばれ、メディチ家の発行する貨幣が最も信用されたという。

ルネサンス運動は15世紀に経済的に裕福であったイタリアから始まった。ルネサンス期に入って、宗教的規範から解放され、世相は一変して肉体美を積極的に表現することを目指した。人間の身体は美しいものであり、衣服はその美しい肉体を、より一層美しく見せるために着用するものだと考えた。そのためにはある一定の「美の基準」を設けて、それに従って衣服を制作することを試みた。従って、肉体そのもののシルエットではなく、理想とする「人工的シルエット」を作り出したのである。

当時の人々が美の基準としたのが、「均衡の美」であったが、そこで女子服では、それまで上半身と下半身がひと続きであったワンピース型のローブを上半身と下半身に分割して、ウェストで接ぐことを考え、下半身のスカートにボリュウムを持たせた。この女子服は「ローブ」または「カートル」と呼ばれた（図90・91）。

ルネサンス期には、さらにもう一つ「黄金分割」という「美の基準」が取り入れられた。これによって、ローブはウェストラインの位置を、身長を黄金分割した位置に持ってくるようにした。

しかし、15世紀には未だ本格的な補助器具を使うことは考えなかったので、安定の美を求めるために、下半身はスカートを何枚も重ね着してボリュームを出すことに努めた。そのためアンダースカートを7枚も重ね着した場合もあって、歩行が困難であったという。

また、下半身を大きく見せるために「チョピン」という背の高い履き物を考案した。これは木製で、高い物は高さが30センチもあった。形はスリッパのように、前の部分に覆いがあり、足を入れて履くタイプで主に娼婦が履いた（図92）。

女子服のローブには「デコルテ」という新しいデザインが流行し始めた。デコルテとは「大きい襟明き」のことで、襟刳りを大きくして胸元を見せた（図93）。

先にも述べたように、神に対して、人間の肉体は汚らわしいという中世の考え方から逆転して、ルネサンス期は肉体の美しさを表現しようと考えたのである。そして、女性の肉体の一番美しい場所は

図 90　ギルランダイヨ画「フィレンツェの貴族の娘」（15 世紀末・部分）ウエストで身頃とスカートを繋ぐ新型ワンピース（下半身を大きく見せるためスカートは何枚も重ね着）

図 91　フィレンツェの貴婦人（15 世紀・フレスコ画）　文様が織り込まれた布地のドレス。お付きの女性達は中世の衣服にヴェール。

図 92　チョピン（1500 年～）　均衡のの美を求めて下半身を大きく見せるための木製の靴。高さが 30 cmの物もあった。

図 93　婦人像　大きく開けた胸元、豪華な布で仕立てられたローブ、袖はスラッシュ、髪はぴっちり纏め真珠で飾る。首からは長いネックレス。

「胸元」であるという考えから、ローブのデザインは、「デコルテ」と呼ばれた胸元を大きく開けることを考えた。

　このデザインは人々の好奇心を刺激し、デコルテの大きさはエスカレートしてどんどん大きくなっていった。

　その結果、あまりに大きくなりすぎて乳房が見えるほどになったので、風紀上好ましくないとして、法律でデコルテの寸法が決まられるまでになった。

（※）この後、西洋女子服はデコルテが大きいほど「フォーマル」という習慣が生まれた。


　男子服は「上衣」と「脚衣」の二部構成が定着した。上衣は詰め物をした「プールポアン」、または「ダブレット」と呼ばれ、脚衣は「ホーズ」、または「ショース」と呼ばれた。

　プールポアンは「刺し子をして詰め物をした」という意味で、百年戦争が始まる頃から、軍服として着られ始めた。プールポアンは長袖付きで、丈は腰丈であったが、ウェストから下はスカート状に拡がっていた（図94・95）。外衣は「ジャケット」または「ジャーキン」と呼ばれ、丈はやや長めで、やはり詰め物がしてあり、袖口や裾、襟などに、毛皮を付けたものもあった（図96）。

　また、ルネサンス期の流行に「スラッシュ」という手法があった。「スラッシュ」は袖や身頃に「裂け目」「切り込み」を入れて、下に着ている「シュミーズ」を見せるオシャレであった。元来は十

図 96　青年像（1540 年）方形シルエット（肩幅を広く見せる）プールポアン（パフ・スリーブのジャケット）コート（陣羽織風）オ・ド・ショースは詰め物が無い新しいファッション

図 94　シャルル 9 世（1565 年・クエール画・フランス王：在位 1560～74）耳たぶに触れるほど高いプールポアン（絹製）ショース（オ・ド・ショース 鯨骨で補強して膨らませる）

図 97　フランソワ 1 世（1525～30 年・クルーエ画）ベレー帽（白毛飾り付き黒ビロード製）プールポアン（身頃、袖に何本もスラッシュを入れシュミーズを見せる）肩翼を付けて肩幅を広く見せる

図 95　若き日のフェリペ 4 世（1615～20 年頃制作・スペイン王・在位 1621～65）耳まで届く車輪型襞襟 プールポアン オ・ド・ショース（鯨骨で膨らませた）マント（裏付き）

字軍が東方へ遠征した際に、勝利品として東方の絹を持ち帰りシュミーズに仕立てて、それを見せびらかすために、上衣の袖に切り込みをいれて、絹のシュミーズを見せびらかしたという説がある(図97)。スラッシュはこの頃から、一般的なオシャレの手法となり、男子服にも女子服にも盛んに取り入れられるになる(図98)。

【16世紀】

スペインは1492年、コロンブスのアメリカ大陸発見により、経済的に裕福になり、イタリアを見習ってルネサンス運動が盛んになる。さらにその経済力にものをいわせ、16世紀にはヨーロッパの主導権を握るようになる。

初めて「補助器具」を用いて、「人工的シルエット」を作り出すことを考えたのはスペインであった。

女子服には上半身を小さく締め付けるための補助器具として、「胴衣(コルセット)」が考案され(図99)、また下半身を大きく広げる為の補助器具として、「輪骨(ペチコート)」が用いられた。

スペインで考案された胴着は鋼鉄製で背中の部分が開いて、前面から胸に当てて着装した。背中の部分には数個の穴があり、ここに紐を通して締め付けた。これは通気性が悪く、着用の際の感触もよくなかったので、後にフランスで布製の「バスキーヌ」(図100)、または「コルピケ」と呼ばれる胴衣が考案され一般的になった。これは2枚の布を縫い合わせて、前の部分に「バスク」という補強材を挿入して、堅さと形を保ったものである。バスクには堅い木、動物の角、鯨ひげ、金属、象牙等が用いられた。

下半身の人工的シルエットを作り出すための輪骨は、16世紀にスペインで考案された。これは針金や鯨ひげ、または植物の茎などを細くして輪にした様々な大きさのものを、数段、裾へ行くほど直径が大きくなるように綴じ付けた構造のものであった。これは「ヴェルチュガド」と呼ばれ（図101）、これにより裾広がりのシルエットを作り出すことが出来た。このスペインのシルエットはウェストが引き締まり、スカート部分は美しい円錐形に拡がるシルエットで、婦人服の基本的な形として、後世まで受け継がれることになる（図110・111）。

フランスでは、これを「ヴェルチュガダン」と呼んで流行したが、これとは別に「オース・キュウ」（図103）というフランス独特のシルエットを作り出す補助器具を考え出した。これは布製のドーナツ型の太い輪で、構造は細長い袋を作り、その中に詰め物を入れて（ソーセージのような作り）、両端に紐を付けてウェストで結び合わせたものである。ちょうど自動車のタイヤの中に身体を入れたような具合で、これを付けるとスカートのシルエットは円錐形ではなく、ウェストから急に張り出して、そこからスカートは垂直に下に垂れるので、シルエットはドラム型になるが、輪骨がないので、歩く際にはスカート部分が柔らかく揺れて優雅であったという。

イギリスでも16世紀には、「フィールファージンゲイル」（図104）という補助器具を用いたが、シル

図 98　プールポアン（リネン製の現存衣裳・1525〜30 年）袖、身頃に細いスラッシュ　ウエストラインが高くスカート部分が大きくなった。

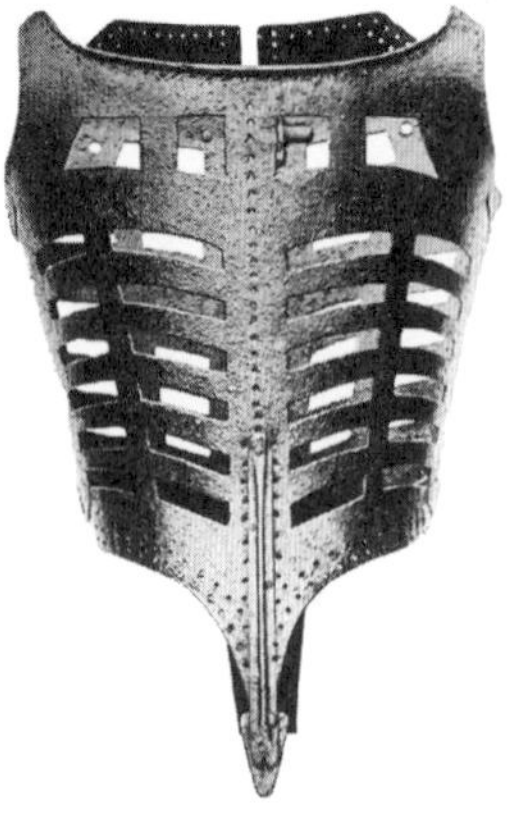

図 99　鋼鉄製のコルセット　15 世紀スペインで考案、16 世紀に流行　背面が開き小さな穴は紐を通し締めるため。

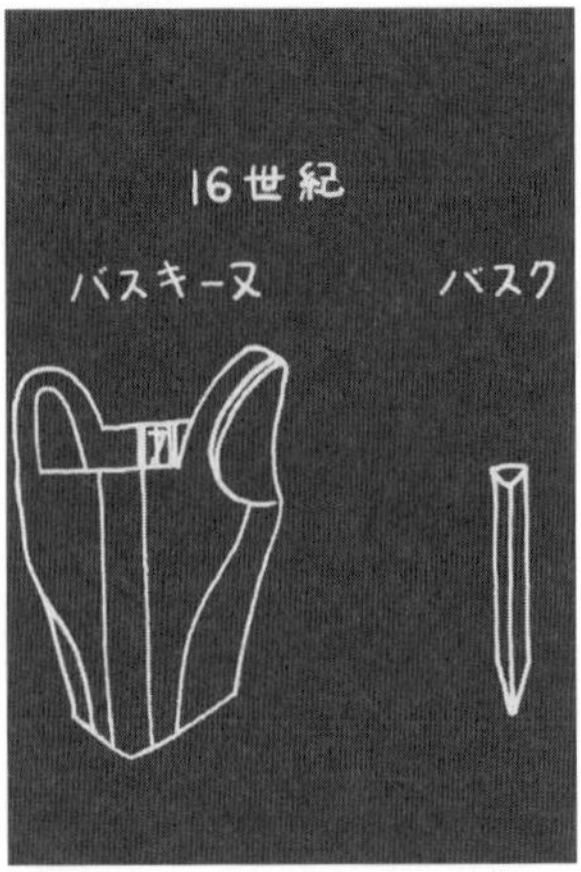

図 100　フランスで考案された布製のコルセット　胸の中央にバスクという木の棒を入れて上半身のシルエットを保つ。

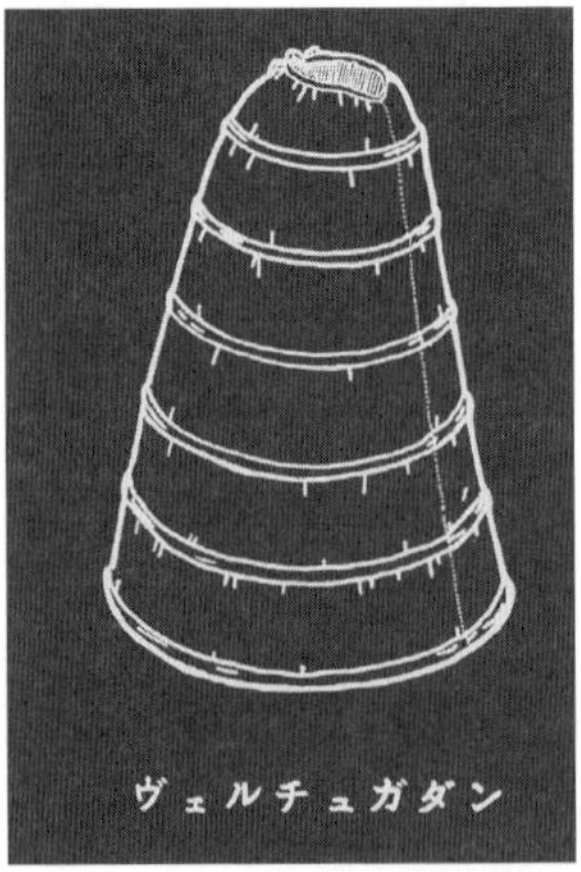

図 101　スペインで考案されたペチコート（16 世紀）　鯨の髭または針金の輪をテープで繋ぐ。スカートを円錐形に広げるために使用した。

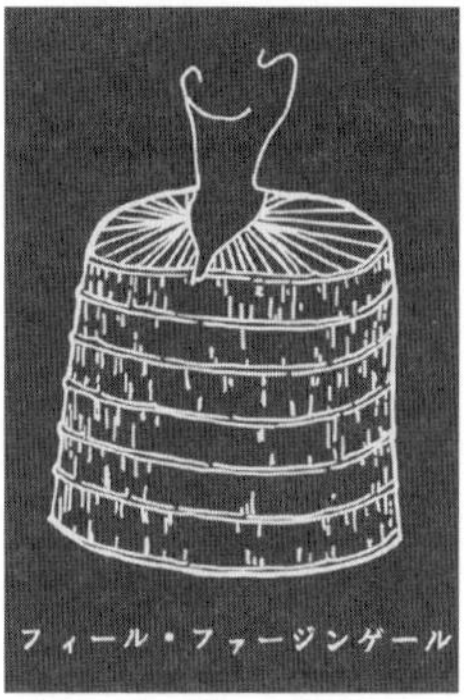

図 104　フィール・ファージンゲール（16 世紀イギリスで考案の車輪型ペチコート）ウエストラインから横へ水平に広がる。

図 102　エリザベス女王（1592 年）フィール・ファージンゲールを付けたシルエット　扇形の襞襟 ジゴ袖（たっぷりした羊脚型袖）垂れ袖（二重袖）宝石を縫い込んだ布地。

図 105　少女像（16 世紀）大人と同じ幾重にも重ねたレースの襞襟　少女もバスキーヌ（コルセット）やヴェルチュガダンで人工的なシルエットを作り出した。

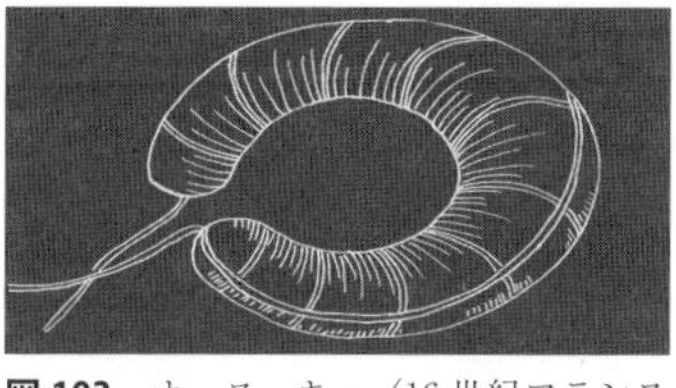

図 103　オース・キュ（16 世紀フランスで考案のペチコートの一種）ソーセージのように中に詰め物をした。

エットはフランスと同じドラム型であった。フィールファージンゲイルは自転車の車輪のようにウェストから何本もの針金が水平に張り出した構造で、その真ん中に身体を入れた。車輪の下には、直径の同じ大きさの輪を何段も繋げたものを付けた。これを付けるとフランスのオース・キュウと同じドラム型シルエットになるが、フランスと違って、スカートのシルエットは固定された。このシルエットはエリザベス1世の肖像画で有名である（図102）。

このようにルネサンス期には、どの国でも同じように安定したシルエットを求めて、上半身を小さく、下半身を大きくすることに努め、安定した「人工的なシルエット」を作り出すことを心掛けた。しかし同じように釣り合いの美しさを追求したルネサンス期の婦人服も、それぞれの国よって美の基準、即ち「美意識」が異なったので、そのシルエットも異なった形として表現されたのである。

即ち、スペインでは下半身を円錐形に、フランスやイギリスに於いては、ドラム型に拡大することによって安定したシルエットの表現を試みたのである。

男子服は百年戦争以来、軍服が主流となる。「プールポアン」または「ダブレット」と呼ばれる詰め物をした上衣と下衣の二部形式の衣服が一般的であった。

プールポアンは、軍服の機能性である「身体保護」を目的としたもので、胸や袖には詰め物をした。形は15世紀から変わらず、長袖付きで、丈が腰まであり、ウェストから下はスカート状になっていた（図106）。

下衣はそれまで「ホーズ」、または「ショース」「ブリーチズ」と呼ばれ、元来はパンツ部分とストッキング部分が一続きのもの（現代の女性のパンスト）であったが、男性も女性と同じく下半身を大きくすることを考え、それまでひと続きであった下衣を、現在のパンツ部分（オ・ド・ショース）とストッキング部分（パ・ド・ショース）に分割した。そしてパンツ部分には詰め物をして大きく膨らませ、均衡の美を求めて、バルーンのように大きくなった。

もう一つ、ルネサンス期のファッションの特徴に「ラフ」という「襞襟」の流行がある。これはレースも何段にも重ねた「襟（ネックウェア）」である。大げさな物は数段から10段ほども重ねて、顎が埋まってしまうほど大げさなものもあり、一人では食事も不可能なほどであったという。これは女子服のみならず、男子服のプールポアンにも付けられた（図95）。

画家のヴァンダイク（フランドル出身／1599～1641年）がこのラフを付けた人物を多く描いたところから「ヴァンダイク・カラー」とも呼ばれた。

日本でもこの頃、ポルトガルとの交易がはじまり、「南蛮風俗」が入ってきたが、この中に「ラフ」もあり、南蛮屏風にはラフを付けた日本人が描かれている。日本では下着（長襦袢）の襟に付けて胸元から見せて着用した。南蛮風俗は一部の上流階級や豪商の間で、取り入れられたもので、実際、信長や家康が使用した「ラフ」が現在も残っている。

図 108　ジョワーズ公の結婚式（夜の舞踏会の場面）　貴婦人達（羊脚型の袖）　襟（扇形の襞襟）　スカート（オース・キュを入れたシルエット＝ドラム型の量感）

図 106　アンリ３世（1575 年・フランスヴァロワ朝最後の王）プールポアン（身頃、袖とも詰め物で膨らませる）大きな車輪型襞襟　ショース（腿にピッタリ）

図 109　ヘンリー８世（1539 年）　プールポアン（一面にＯ型のスラッシュが水玉模様のように見えスカート部分はたっぷり襞を取った膝丈）マント（赤のベルベット・黒貂の毛皮で裏打ち・金糸の縫い取り）ベレー帽（ブリムに羽根飾り）

図 107　仮面舞踏会の楽屋裏（モード風刺画の一部）スカートの下にオース・キュを付けている。袖は詰め物をした羊脚型（ジゴ袖、顔にはそれぞれ仮面。

図 112　エリザベス１世肖像（1588 年頃）

図 110　スペイン王妃・オーストリアのアンナ（1571 年）美しいヴェルチュガダンによる円錐形スカートのシルエット。スペインから流行した顎を覆う襞襟（ラフ）はヴァン・ダイクカラーとも言う。

図 113　ジョワーズ公の結婚式（1581 年頃）花嫁：先の尖った胴着・オース・キュを入れたシルエット・仮垂れ二重袖・肘でブローチ留め　花婿：プールポアン（胸に詰め物）膝下丈のショース（グレーグという短いケープ型マント）

図 111　イザベル・クララ・エウヘニア（1584 年・コエリョ画）スペインの代表的ファッション。バスキーヌで細く締めた胴 ヴェルチュガダンで円錐形に広げたスカート 鯨骨で補強した襞襟 床まで届く垂れ袖 高く結い上げ頭頂には高いトーク。

また、新しい流行に「ジゴ袖」がある。ジゴ袖は「羊の脚型の袖」と言う意味で、肩の袖付けのあたりに詰め物をして大きく膨らませ、手首のところでほっそりして手首に沿わせる形である。これが、羊の腿から脚先に掛けての形に似ているところから名付けられた（図107・108）。

15世紀から流行した「スラッシュの手法」は、16世紀にも相変わらず取り入れられて、最初は袖に入れることから始まって、後には身頃や下衣であるショースにも切り込みを入れることが流行った。男子服ではこのスラッシュを詰め物で膨らませた「オ・ド・ショース」にも入れたので、「カボチャ」のようだと揶揄された

このスラッシュは当時、大流行したオシャレの一種で、フランソワ1世（1494〜1547年）の肖像画には袖や身頃に大きなスラッシュを入れて描かれている。また、スラッシュには、細かい穴を身頃や袖に入れるデザインもあり、一見、水玉模様のように見えるスラッシュの手法もあった。

ヘンリー8世（1491〜1547年）の肖像画でも身頃に細かいスラッシュを入れて、中のシュミーズを引っ張り出した上着が画かれていて、これも水玉模様のように見える工夫の上着が画かれている（図109）。

この他にも、貴族の威厳を強調するために、大げさな「垂れ袖（mancheron）」を肩の付け根に付けたファッションが流行した。これは「二重袖」ともいわれ、豆の鞘のような形の袖であった。

また、ピカディール（picadills）という「肩翼（肩章）」を肩に付けて、肩幅を強調するファッショ

ンもあった（図110・111）。

１５６９年にはファッション界にとって、画期的な機械が発明された。それは「編み機」の発明である。それまで、男性の下衣である「バ・ド・ショース」は脚にぴったり沿わせるために布を斜め裁ちにして縫い合わせていた。しかし、編み機の発明で脚にぴったり沿うショースが可能になった（図106・109）。

この編み機を発明したのはイギリス人で、ウィリアム・リイというケンブリッジ大学の神学科の学生であった。しかしイギリスでは編み機を使うと、ショースの価格が下がるという理由で仕立屋のギルドが反対し、仕立屋保護のため編み機の生産が禁止された。そこで、スペインがこの権利を買い取り、ニットのショースはしばらくの間、スペインの特産品となり、ヨーロッパ各国に輸出された。

フランス王・アンリ2世は、スペインから贈られたニットのショースを大切にしまっておき、娘の結婚式の日に初めて穿いた、という逸話があるほどニットのショースは、貴重品であった。

ルネサンス期のシルエットは、男子服も女子服も「均衡の美」を求めて、衣服全体が肉体から乖離した「人工的シルエット」で作り上げられていた。

〈2〉17世紀

【初期：オランダ市民風】

15、16世紀に大流行した人工的シルエットも、17世紀初期には一時用いられなくなり「オランダ市民風」という自然なシルエットが好まれるようになる。

それまで長くスペインの植民地として、スペインの支配を受けてきたネーデルランドの北部には、アムステルダムやロッテルダムなどの大きな港があり、貿易が盛んであった。毛織物産業で富を蓄えた裕福な市民が経済力をもつようになり、オランダ共和国としてスペインから独立した。

独立に功績のあった市民階級が主導権を持つようになり、ファッションもそれまでのスペイン宮廷風に対して「オランダ市民風」と呼ばれる軽快なファッションが流行した。レンブラント、ルーベンス、フェルメールなどが画いた、当時の絵画にもこの庶民風俗が描かれている。

16世紀に流行した補助器具も、詰め物も、首を覆うラフも全く廃れて、自然なシルエットが喜ばれた。

女子服は補助器具を廃して自然なシルエットに戻ったが、下半身の物足りない感じを拭うために、スカートの「重ね着」が流行した。少なくとも3枚、身に付けるのが流行となり、それぞれに名前が付けられた。一番下のスカートが「スクレット（secrete）」、中のスカートが「フリポンヌ（friponne）」、

図 115　マドレーヌ・シビル皇妃（1635 年）色違いの 3 枚のスカートを重ね、襟開きは大きく、袖は膨らませリボンで結ぶ。胴コルセットから解放されハイウエストになった。

図 114　ルーベンスの自画像（1660 年）オランダ市民の新しいモード（詰め物が少なくなる）襟は垂れ襟、婦人はスペインモードから抜けきれていない。

図 116　市長とその家族の肖像（1635 年）典型的なブルジョワ市民の服装 老女：スペイン風襞襟 男性：フランスモードの騎士風（詰め物無し、折り返し垂れ襟）女性：オランダ市民風ドレス

一番上のスカートが「モデスト（modest）」と呼ばれ、モデストは前を開けて下のスカートを見せるのが一般的であった。身頃部分はコルセットが廃され、ハイウェストのデザインが流行した。大げさな「ラフ」は男女とも、用いられなくなり、レースの付いた小ぶりな「フラットカラー」になった。

袖には自然な膨らみを持たせ、女子服の袖は何ヵ所かにリボンを結んだ、可愛らしいデザインが流行した（図114〜116）。

男子服の基本型は、上衣は「プールポアン」、または「ダブレット」と呼ばれ、詰め物は無くなり、ハイウェストになって、ウェストから下はスカート状に拡がった。

男子服に新しく登場したファッションは「カノン（またはキャノン、キャニオン）」と呼ばれた「膝飾り」をつけたことである。このカノンはレースで作られるのが一般的であった。

履き物は「ブーツ」が流行し、ブーツの上の部分は「朝顔型」または「盃状」に開いていた。甲の部分には「柏葉飾り」や「四つ葉飾り」が付いていて、ヒールは高いものが多かった。

髪型は肩の辺りまで垂らし、先にリボンを結んだりした。帽子が流行り、ブリムの広い大げさな物で、大きな羽根飾りやリボンを付けた。

この風変わりなモードについては、海外の書物にもその記述を見つけることが出来る。『服飾の歴史―その神秘と科学―』（パスカル・セッセ著・日向あき子訳）の中では、「風変わりなモードと穏当なモード」として次のように述べられている。

「先ず、モードの発生・起源には「突飛さ」「誇張」「調子外れ」「滑稽」がある。これらはすべて、「着心地の良さ」は無視している。しかし、過度の熱狂が醒めると、普通の服装に吸収され、まともな感じの服装になる。」

また、バロック時代の男性の服装に関しては、「スラッシュの流行」を挙げて、「スラッシュから見せる絹のシャツがない者はフランドル布で出来たハンカチで代用している。」

と記している。さらに１６４０年頃の男子服については次のように述べている。

「所々、ボタンをはずして中に着ているシャツを見せたり、「背中の開いたプールポアン」（これはスラッシュを背中にまで開けた服装）や、脇にボタンを付けたズボンのボタンを外して、下着を見せたりしている。」

一方、膝飾り（カノン）については（図117）、

「靴下留め（カノン）の法外な大きさは、かつてなかったもので、煩わしいものになっている。それは縞模様のついたある種の白地の布で作られており、気持ちの悪い程、広い幅に仕立てるので、まるで化け物の感じだった。

脚に付けたこの大荷物は、頭上の大荷物、帽子に付けた多量な鳥の羽根と共に、なれない者には全く厄介な感じを与える。

帽子の鳥の羽根は三列も付けられており、万事、ごてごてした粉飾だが、これがフランス人の気質に合うのだろう。衣服も非常に高価な糸レースで、けばけばしく飾り立てているのだ!!」

と記述している（図118）。

このモードについて、フランスの劇作家モリエール（1622〜1673年）は、その作品『亭主学校』の中で、

「大型の膝飾りときたら、足枷そっくりで、毎朝、両脚の動きを取れなくするし、あいつを着けて、脚を開いて歩いている通人方の恰好は、オモチャの羽子さながらのていたらくですぜ……。」（図119）

同じくフランスのモラリスト作家シャン・ド・ラ・ブリュイエール（1645〜1696年）は『カラクテール（性格論）』において、

「以前には、宮廷人達は、かつらを付けず、自然の頭髪のままで、ショースをはいたり、プールポアンを着たり、あるいは大きなカノンを付けたりして、すべてが気儘（リベルダン）であった。だが、近頃はそういうのが、時代風に合わなくなり、かつらをつけ、ぴったりした服と無地の靴下で、全体に敬虔なモードが支配している。」

図 119　17 世紀後半の最新ファッション再現図　バロックの「不均衡の美」を求めて装飾過多の服装が現れる。

図 117　紳士の肖像（テル・ボルヒ画 /1660 年）不均衡の美を求めた典型的なファッション 頭頂の高い帽子 ブリムに飾り 溢れるシュミーズ ラングラーヴ・キュロット カノン（膝飾り）拍車の付いた靴

図 120　ルイ 14 世（17 世紀後半・リゴー画）宮廷のフォーマルドレス　大袈裟な鬘と貂の毛皮で裏打ちしたマント 百合の花をデザイン化したブルボン王朝の紋章 クラヴァット（ネックウェア）膨れたオ・ド・ショース 細いパ・ド・ショース 靴はハイヒール

図 118　17 世紀後半のバロック風俗の風刺画　男性は誇張したバロック風俗。服装史史上最も恥ずべき時代とも言われる。

と述べている。ルイ14世が、1650年頃、スエーデンのクリスチーヌ女王を迎える際の服装についても以下のように記録している。

・一面に襞取りした靴下
・ラングラーヴ（スカート風のズボン）
・シャツ（鵞鳥の羽根で飾る）
・長いリボンで作った花結び付きの短いチョッキ（ヴェスト／リボンの長さは20メートルもあった）

【バロック時代（17世紀後半）】

17世紀後半に入り、ルイ14世（1638～1715年）が登場してくると、ファッションをリードしたのは、ベルサイユ宮殿の宮廷貴族達であった（図120）。

バロック（Baroque）は元来「歪んだ真珠」という意味で、宝石商から出た言葉であったという。当時はすべて天然真珠であったので、美しい球形の真珠の中に、歪んだ形の真珠が混じっていると値が下がるので、「歪んだ真珠」ははじき出した、そのはじき出された真珠をバロックと呼んだという。

これはファッションにとっても、非常に意味深長なことで、ルネサンスが「均衡の美」を最高と考えたのに対して、「不均衡な物の中にも美を見出そう」という美意識である。しかし、不均衡の美を求めることは、均衡の美よりも難しいので、バロック期のファッションは「不均衡の美」を求めて、あちこちに不要な装飾を付けたため統一性に欠け、「服飾史上、恥ずかしい時期である」ともいわれている。バランスを取るために、あちこちに装飾を施して、収拾が付かなくなったために「装飾過多」に陥ったのである。そして、具体的には衣服の部分々々が無秩序に強調され、女子服も男子服も、溢れんばかりの装飾を施した、飾り過ぎの服装が流行するようになった（図118・119）。

ルイ14世は王でありながら、経済的手腕にも長けていて、2期の工事を経て膨大で豪華なベルサイユ宮殿を建造し、自国のフランス文化をヨーロッパの国々に向けた発信した（図120）。

自国のファッションをヨーロッパ中に広めるため、新しいファッションの衣裳を着せた「パンドール」と呼ぶ人形を各国に送り付け、自国の流行を広めたともいわれている。

自らを「太陽王」と称し、「儀式王」と呼ばれるほど、格式張った生活を望んだ。朝は「起床の儀式」で目覚め、昼間は様々な儀式を行い、就寝時には「就寝の儀式」を行って寝に付いたといわれている。

そんな世相の中、17世紀の宮廷文化の特徴は「荘重華麗」の様式美を理想とした。

ルイ14世の治世になると、女性ファッションは再び人工的シルエットが形を変えて復活したが、補助器具でスカートを拡げるのではなく、宮廷貴族達は「曳き裾」として、スカートを後へ長く引くことを考えた。この曳き裾は身分が高いほど長く、長い物では七メートル以上もあったという。宮廷内では貴婦人達はこの曳き裾を如何に優雅に扱うかが、宮廷エチケットの一つとなった（図121・122）。

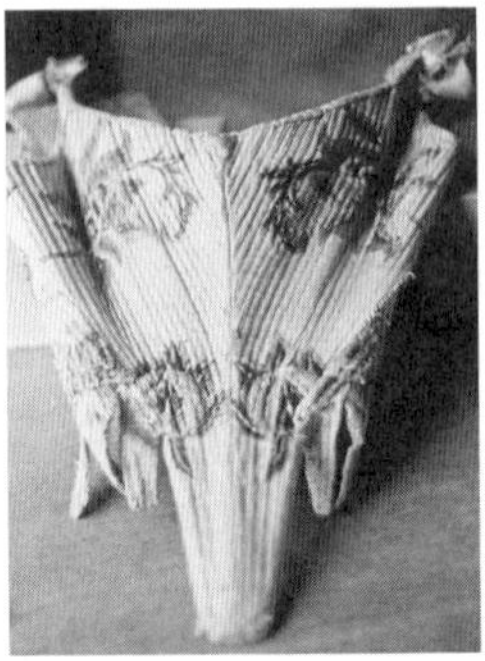

図 123　ストマッカー（17 世紀後半）ルネサンス期にコルセットと胸当ての役割を果たす物として流行。美しい刺繍を施しドレスを前開きにして見せる。

図 121　バロックファッション（17 世紀後半）曳き裾のローブとアンダースカート。袖はアンガジャント、高いフォンタンジュ帽に付けぼくろ。

図 124　モード図版（17 世紀後半）男性：ジュストコル クラヴァット 大袈裟な巻き毛の鬘　女性：フォンタンジュ髪型とフォンタンジュ帽子 曳き裾のローブ 付けぼくろ

図 122　フォンタンジュ髪型とフォンタンジュ帽の再現図（17 世紀後半）シュミーズ 長い丈のストマッカー 曳き裾のローブ

一番上に着るワンピースは、「マンチュア」、または「ローブ」と呼ばれ、前開きになっていた。ローブの下には「スタマッカー」という胴着を付けたが、これは、コルセット兼胸当ての役目をするものであった。前開きにしたローブの上半身からはスタマッカーを見せたので、スタマッカーはドレスの一部として見せるために美しい布で作られたり、美しい刺繍を施したりして、オシャレの見せ場でもあった（図123）。

前開きのローブはウェストで留めて、スカート部分を後へ流して曳き裾にした。ローブの袖丈は短めで、袖口からシュミーズの袖口につけた「アンガジャント」というレースのフリルを見せた（図121）。裾が長い曳き裾になったため、それに呼応して頭の前面を高くした髪型や、前頭部の高い帽子でバランスをとった。これらは「フォンタンジュ髪型」「フォンタンジュ帽」と呼ばれた（図122・124）。

因みに「フォンタンジュ」という名前はルイ14世の一番若い愛妾の名前であった。ルイ14世は多くの愛妾を持っていたが、フォンタンジュ夫人は中でも一番年が若く、あまり教養も無く、今でいう「ギャル」であったが、一時、ルイ14世のお気に入りであった。しかしすぐに王に飽きられて宮殿を追い出されたのであるが、その名がファッションとして残っているのは皮肉である。

ルイ14世の多くの愛妾の中で、モンテスパン夫人は教養高く、政治上も王の片腕となった女性であり、王との間に七人の子供をもうけたといわれている。しかし、服装史には、モンテスパン夫人の名が残っていないのは気の毒である。

この時期、女性のオシャレに「つけぼくろ」が流行した。これは黒ビロード、黒タフタ、黒絹などの布を様々な形に切って、顔のあちこちに貼り付けたものである。つけぼくろを付けると、肌の光沢を増し、顔色を良く見せ、皮膚が透けるように見えるといって大流行した。形も丸型、星型、幅広のもの、細長のものなど様々で、顔に付ける位置によって、名前も付けられた。

目の縁に付けるものは「パッショネット」、頬の中央に付けるものは「ギャラント」、唇の端は「キッシング」、目の下は「マーダラス」、鼻の上は「ソースイ」、えくぼの所は「プレイフル」、額は「マジェスティック」などと呼ばれた。

これは現代から考えると、「ニキビ隠し」「デキモノ隠し」の目的であったと思われる。衛生観念は現在からは考えられないほど乏しく、非衛生的だったので、皮膚のあちこちに「おでき」が出来たと考えられる。それを隠すためのオシャレだったと考えるのが正解だろう。

どの程度、非衛生的であったかを示すエピソードがある。時期は定かではないが、スペインのイザベラ王妃がスペインが戦争を始めた時に、「この戦《いくさ》が終わるまで、私は肌着を取り替えません」という願掛けをした。当時、肌着は贅沢品で、上流階級しか着用しなかった。ところが、戦は一年九ヶ月続いたので、終わった時には、王妃の肌着は垢で変色していた。しかし、人々はそれをきれいなバラ色になっていたとして、この色を「イザベラ色」と名付けて流行したという。

当時は、現代では考えられないほど非衛生的であったので、皮膚にはデキモノが出来るのは、当たり前であった。それを隠すために「つけぼくろ」をしたと考えられる。
当時、貴婦人達の必携品には、象牙の柄のついた扇（これには細密画が描かれていた）、マフ、長めの手袋、レース付のハンカチーフなどであった。

男子服はこのバロック期に、現代の紳士服の基本となる「5つのアイテム」が全て出揃う。つまり「上着・チョッキ・ワイシャツ・ズボン・ネクタイ」の現代の男子服の基本は、バロック時代にさかのぼるといえる（図125）。

先ず上着に当たる衣服は「ジュストコル」と呼ばれる新型上着で、後の「フロックコート」の前身である。形は現代の背広の上着より丈が長く、ウェストから下はフレアーになって拡がっていた。色はダーク系で、地味な色であった。

チョッキにあたる「ヴェスト」は袖が付いて、上着と同じ構造の小さめのものであった。この時代、度々「贅沢禁止令」が出されたため、上に着るジュストコルは地味な色に仕立てたが、ヴェストは派手な色や刺繍、大きいボタンなど贅沢に仕立てた。宮廷内でもプライベートな場所では、ジュストコルを脱いでヴェストで寛いだので、ヴェストはオシャレの見せ所であった。

ワイシャツに当たるのは「シュミーズ」と呼ばれる物で、主に色は白であった。袖口には「アンガジャント」という「レースのフリル」が付いており、これをジュストコルの袖口から出して着こなした。

現在のズボンに当る下衣は「ブリーチズ」、「グレーグ」、または「ラングラーブ・キュロット」と呼ばれ、膝丈で腿にぴったりしたスタイルであった。その下には「ショース」というストッキングは穿いた。

ネクタイは「クラヴァット」と呼ばれ、白の紗、白のモスリンなどで作られたが、幅が30センチ、長さが1～2メートルもある大きなもので、ネクタイというよりは「ネックウェア」であった。それを首に何重にも巻き、大きく結んで前に垂らした。

この時代の宮廷貴族にとって、欠かせないものが「かつら」であった。ルイ14世の肖像画や、バッハやヘンデルの宮廷音楽家達の肖像画をみると、カールした長い巻き毛が肩まで掛かっている。これらは全て「かつら」で、当時、宮廷に出入りする際には、カツラが必需品であった。この大きなカツラに似合うために、ネックウェアのクラヴァットは大げさなものになった（図126）。

「かつら」については逸話があり、ルイ13世は若い頃から髪がうすかったので、かつらを使用したという説と、ルイ14世の髪があまりに多く、ふさふさとしていたので、貴族達が羨ましがって「かつら」を使用したという説がある。

男子服、女子服に流行したアンガジャントのオシャレは、17世紀のファッションの特徴の一つで

図 125　ルイ 14 世時代（17 世紀後半）男性最新ファッション　三つ揃い（ジュストコル・ヴェスト・シュミーズ）、キュロット・バ・ド・ショース（靴下）、豊かな巻毛の鬘と三角帽（トリム）。

図 126　ルイ 14 世とフェリペ 4 世 会見の図（タペストリー・1660 年）ルイ 14 世はバロックの最新ファッション　フェリペ 4 世は旧ファッション

あった（図117・124）。

それまで、レースはイタリアからの輸入品であったので、非常に高価な物で「贅沢禁止令」では度々やり玉に挙げられていた。「贅沢禁止令」では、貴族の階級によって、一着の衣服に使うレースの長さが決められたりした。階級が低くても、裕福な人達は規定よりも長いレースをドレスに使うこともあり、町中でそれを見つけた上級貴族と口論になり、レースを引きちぎる喧嘩が起こったりしたという。

それまで貴重品であったレースが、バロック期になってフランスでも国内生産が行われるようになり、女子服にも男子服にもふんだんにレースが用いられた。

女子服も男子服もアンガジャントを見せるために、上着の袖を肘までの短めに仕立て、下のシュミーズの袖口に付けたアンガジャントを見せる着こなしが流行した。

〈3〉18世紀

【レジャンス時代（1715～1723年）】

ルイ14世が1715年に亡くなると、王の親政が一時途切れる。これは跡を継ぐべきルイ15世が、未だ5歳であったため王位につくことが出来ず、代わりにドルレアン・フィリップが摂政として政務をみることになった。この時期を「レジャンス時代（摂政時代）」と呼ぶ。

レジャンス時代は、1723年にルイ15世が即位するまでの8年間であるが、王の親政から、摂政によるレジャンス時代に移ったことにより、世相は大きく変化した。

レジャンス時代は文化の中心が宮廷から貴族のサロンに移り、堅苦しい宮廷文化から逃れて、サロンを中心にした気楽な「サロン文化」が生まれたのである。レジャンス時代には服装もバロック時代の「荘重華麗」な堅苦しさから解放されて、気楽なファッションが流行した。

女子服は「ガウン式ローブ」と呼ばれる、ウェストラインに接ぎ目のない肩から裾まで自然に拡がるドレープの美しいシルエットのローブが生まれた。宮廷画家のヴァトーがガウン式ローブを着た貴婦人を美しく描いた絵が評判になり、この襞は画家の名を付けて「ヴァトー襞」と呼ばれた（図127～129）。

このローブのスカートの下には補助器具が付けられた。この補助器具は「パニエ」と呼ばれたが、これは「鳥籠」という意味である。鳥籠の形は通常、外側が曲線の丸味を持っている。パニエは16世紀のヴェルチュガダンのように直線で出来た円錐形ではなくて、丸味を持った曲線のシルエットを作り出した。

素材は鯨ひげや藤のつるなどで作られ、最初はイタリアのコメディアンが舞台で使用したのが始まりであり、イギリスでは「フープ・ペチコート」の名で流行したが、フランスでは「パニエ」と呼ばれた。

ガウン式ローブの下に、このパニエを付けると後身頃の肩にたっぷり取ったギャザーが裾に向かって、山が裾野を引くようにきれいに拡がったという。

これは現代の「湯上がりのガウン」のように、非常にラフな感じのもので、「ネグリジェ」のようだといわれながらも、レジャンス時代の気軽な風潮に合って大流行し、訪問着、散歩服としても人気があった。実際、このファッションはルイ14世の愛妾であったモンテスパン夫人が、ルイ14世の子供を7人も産んだので、妊娠中にルーズなマタニティを着ていることが多かったことにヒントを得て考え出されたともいわれている。

このドレスを着た婦人を、画家のヴァトーが画いて評判になり、この襞を「ヴァトー襞」、または「ローブ・ア・ラ・ヴァトー」と呼んだという（図127）。

この他にも、「ローブ・ヴォラント（風にひらひら翻るローブという意味）」、「ローブ・パタント（鐘の鳴るローブ）」、「ローブ・ア・ラ・ヴァトー（肩から流れるような襞のローブ）」（図128）など、軽やかな名前を付けたローブが流行したが、いずれもスカートはたっぷりしていて、パニエによってきれいに拡がった。

17世紀に流行した頭頂を高くした「フォンタンジュ髪型」は廃れ、髪型は小型化し、頭は小さく見えることが流行った（図127・129）。

レジャンス時代の男子服も時代の気楽な風潮を受けて、軽快な服装に変化した。先ず、顎を埋める

図 127　ガウン式のヴァトー襞（ヴァトー画）

図 129　ジャンフランソアア・ドロア画「恋の告白」（1731 年）　ガウン式ローブ　肩にドレープを取り、裾に向かって広がる。

図 128　ガウン式ローブ　ローブ・ア・ラ・ヴァトー（1770~75 年・フランス・京都服飾文化研究財団蔵）後ろに取ったヴァトー襞が裾に向かって美しく広がる。リヨン製絹ブロケード、パゴダ袖。

程に大きなクラヴァットが姿を消して、「ジャボ（jabot）」と呼ばれるネックウェアに変わった。ジャボはシュミーズの襟にレースの襞飾りを付けて、上衣の襟明きから見せることが多かった。

かつらもライオンのたてがみのような17世紀の大げさな髪型は廃れ、小型化して「鳩の翼型」と呼ばれる、こじんまりした髪型に変わった。この髪型は「クラポー（crapaud＝袋かつら）」と呼ばれた。これは黒タフタの布を袋状にしたものの中に髪の毛を入れて後に垂らし、大きな黒いリボンで結んだ。この髪型は中国の弁髪にヒントを得たもので、当時、ヨーロッパでは「シノワズリー」と呼ばれる、中国風の物が盛んに取り入れられるようになっていた（図129）。

上衣はコート、またはジュストコルと呼ばれ、引き続き地味な色合いの物が着られたがヴェストはウェストコートとも呼ばれて、派手な色合いの物が好まれた。

この時期のヴェストはコートと同型に袖付きに仕立てられ、コートよりは丈が短く、派手な色や柄物で作られた。宮廷以外の気楽なサロンでは、レジャンス時代の気楽な風潮を受けて、コートを脱いで派手なウェストコートで過ごすことが多かった。下半身の脚衣はブリーチズ、またはキュロットと呼ばれ、脚にぴったり沿うものであった。

【ロココ時代】

ロココ時代は正式にはルイ15世が成人し、1723年に即位し、王の親政が始まった時期からをいう。

「ロココ」はロカイユからきた言葉で、ロカイユとは貝殻細工の意味で、貝殻を薄く削った螺鈿細工のように、非常に繊細な技術から出た言葉である。

ルイ15世が王位に就くと、再び文化の中心はサロンから宮廷に移り宮廷文化が盛んになる。いわゆる「ロココ文化」が花開くことになる。

ロココ文化の美意識は名前の通り「繊細優美」を特徴とし、繊細で柔らかい美しさを「時代の様式美」とした。ロココ文化はバロック時代の荘重華麗さを引き継ぐことなく、気楽なサロン文化の延長上に誕生したのである。造形においては、直線よりも曲線の方が優雅である。従って、ロココ時代の造形は曲線を中心に作られた。この「繊細優美」の美意識は、造形のあらゆる分野に求められ、芸術品のみならず家具に至るまで、柔らかい曲線を持った物が多く作られた。因みに、ベルサイユ宮殿内のルイ16世の居室のテーブルの脚は、「猫足」といわれる曲線をもって作られている。

このロココ文化の中で、女子服は服飾史上、最大の華やかさと共に、最大に大きいスカートを生み出した。女子服のローブは「ローブ・ア・ラ・フランセーズ」と呼ばれるワンピースで、補助器具を

図 132　モロー・ル・ジューヌ画「別れ」（1789 年）　観劇の正装　女性：ローブ・ア・ラ・フランセーズ、深いデコルテ、巨大なパニエのシルエット、高く結い上げた髪型。男性：アビ・ア・ラ・フランセーズ。

図 130　儀式用ドレス（1745 年頃・ヴェネチア？）　絹モワレ、ストマッカー、金糸レース製

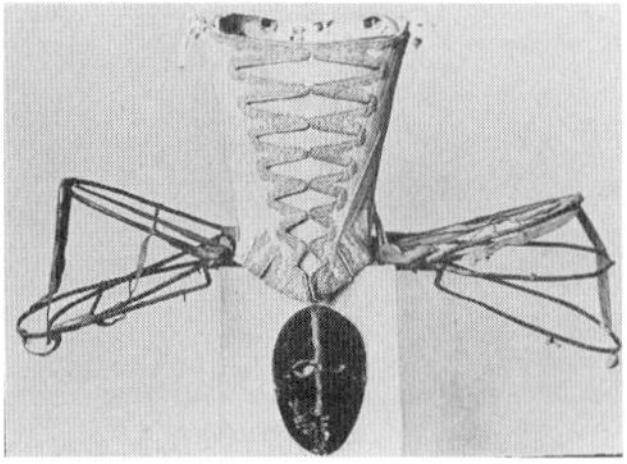

図 133　折りたたみ式パニエと仮面　ボディスに蝶番で付けたパニエ

図 131　ローブ・ア・ラ・フランセーズ（1770 年頃）　女性：花柄の絹ブロケード製。スカート、パニエで広げたシルエット、2 段のパゴダ袖、袖口はアンガジャント。男性：正装（三つ揃い）、ジャケット、ウエストコート、ブリーチズ。

使用してスカート部分を大きく拡げたのである。「繊細優美」を理想とするロココ文化は「柔らかい曲線」が特徴であった。この補助器具はレジャンス時代の「パニエ」で、鳥籠のように柔らかい曲線を持って裾に向かって拡がった（図130・131・132）。

この巨大なシルエットは徐々にエスカレートして行き、スカートが巨大化したため、様々な不都合が生まれた。例えば、舞踏会の会場の入り口が今までの大きさでは、スカートがつかえて入れないとか、男性がエスコートするのに、貴婦人と腕が組めないなどの不便が生じた（図132）。そこで、パニエを中央で二つに切り「パニエ・ドゥブル（二重のパニエ）」というペチコートを考案した。これは中央が二重に重なるようになっていて、狭い所を通る際には、肘で両脇を押し下げると、中央で重なってスカートの幅が狭くなるように作られた。狭い入り口を通り抜け、抑えていた両肘を外すと、ぱっと開いてスカートが大きく拡がるというものである。このパニエ・ドゥブルが使われるようになると、スカート幅がどんどんエスカレートして大きくなった（図133・134）。

ローブ・ア・ラ・フランセーズとは別に「ローブ・ア・ラ・ポロネーズ」というローブが外出着・散歩服として流行した。

このローブ・ア・ラ・ポロネーズは「ポーランド風のローブ」という意味で、ルイ15世の王妃・マリー・レクザンスカ（図139）がポーランドの出身であったため、ポーランドの民族服からヒントを得たといわれている（図135・136・137）。

図 136　ローブ・ア・ラ・ポロネーズ（モード図版）

図 134　ゲインズボロ画「アンドリュース夫妻」（部分・1748 年頃）

図 137　ローブ・ア・ラ・ポロネーズ（モード図版）　上のスカートに継ぎ目を入れ、縫い目に沿って紐を通し、その紐で引き上げた。

図 135　モロー・ル・ジューヌ画「あいびき」（部分・1775 年）　ローブ・ア・ラ・ポロネーズ　散歩服として流行した。

図 140　ポンパドール侯爵夫人（ブーシェ画・1759 年）胸元、袖口、スカートにフリル。彼女はフリル飾りを好みその流行を生み出した。

図 138　ルイ 15 世の寵妃ポンパドール侯爵夫人（ブーシェ画・1756 年）

図 141　ルブラン画「マリー・アントワネット」（1770 年）

図 139　王妃マリ・レグザンスカ（1740 年）正装したルイ 15 世の王妃 錦織のローブ 青ビロードのマントに百合の花模様（ブルボン家の紋章で王妃の証）

これはローブ・ア・ラ・フランセーズのスカート部分が二重構造になっていて、上のスカートに工夫を凝らしたものである。スカートの何ヶ所かに接ぎ目を付け、そこに紐を通して上に引っぱると、ちょうど舞台の緞帳がドレープを作りながら、上に上がっていく具合に上のスカートが引き上げられ、アンダースカートだけになると、足元が軽くなる仕掛けで、散歩服などに流行したが、宮廷服としても優雅な雰囲気のドレスであった。和服で言えば江戸時代の女性が遠出の際、裾を帯にはさんで「裾端より（すそはしょり）」にし、足元を軽くして歩きやすくしたのと同じ工夫である。

ルイ15世は多くの愛妾をもったが、中でもポンパドール夫人（図138・140・142）は教養もあり、美的センスにも優れ、才覚がある女性で、あらゆる面で王を補佐した有能な女性であったという。王妃マリー・レクザンスカ（図139）は、ポーランド出身であった。ポーランドはパリからみると、当時はかなり田舎であったので、マリー・レクザンスカはあまりセンスが良くなかったといわれている。王妃に変わってファッションリーダーを勤めたのがポンパドール夫人であった。宮殿内の装飾や日常生活の必需品まで、すべて彼女の趣味で統一され、ルイ15世も気に入っていたという。

彼女の好んだファッションで特徴的なものは「レースのフリル」で、彼女の肖像画にはフリルに溢れる優雅なローブが描かれている（図140・142）。彼女の愛用した物や彼女が工夫したインテリアは「ポンパドール」という名を冠して流行し、当時の流行色には「ポンパドール色」と呼ばれる色彩まで

図 144　私室でくつろぐマリー・アントワネット

図 142　ポンパドール侯爵夫人（1752 年）　リボン飾りの付いた胴着、フリルが溢れるローブ。髪には「髪粉」を振りかけている。

図 145　アビ・ア・ラ・フランセーズ（1770 年頃）上衣：リヨン製の絹サテン 共布のくるみボタン（京都服飾文化研究財団蔵 / 右図も）

図 143　18 世紀男性服の豪華な刺繍 細かいチェーン・ステッチで花柄の内部を埋め尽くした刺繍 あらかじめ刺繍した布を裁断縫製

あった。彼女は１７６４年に死去した。

ルイ15世は１７７４年に死去し、ルイ16世が王位についた。王妃はマリー・アントワネットである（図141・144）。彼女は神聖ローマ帝国のマリア・テレジア女帝の16番目の子供として１７５５年に生まれ、１７７０年に後のルイ16世と結婚した。

ルイ16世の時代はロココ文化の成熟期であると同時に、衰退が芽生える時期でもあった。宮廷貴族の生活は優雅をきわめ、平民との格差は開く一方であった。

女性のファッションは、引き続き大げさなローブ・ア・ラ・フランセーズの流行がさらにエスカレートしていった。パニエ・ドゥブルの形は前後は扁平で、左右に大きく拡がる構造で巨大なスカートを生み出した。当時の現存衣装には、スカートの左右の幅が2メートルを越えるものもある（図130）。

上半身にはコルセットを使用し、ウェストは益々細くなった（図149）。子供用のコルセットもあり、女性は五歳頃からコルセットを使用したという。こうして成人した女性のウェストは35センチまで細い場合もあったという。当然、骨格は正常に成長せず、舞踏会の最中にも貧血や目眩を起こす女性が多かった。従って、女性は常に「気付け薬」が必携品で、ローブのウェストの接ぎ目に小袋をつけ、その中に気付け薬を入れて携帯した。舞踏会では素敵な男性の前で、フラフラと倒れて見せて、男性が気付け薬を口移しに飲ませてくれると恋が芽生えるという逸話もあった。

この時期、女性が髪を高く結い上げることが流行した。これは「キャップウィッグ」という木製の

図 148　ローブ・ア・ラ・フランセーズ（モード図版）スカートを曳き裾にしたドレスと大袈裟な髪型

図 146　シュミーズ・ア・ラ・レーヌを着たマリー・アントワネット

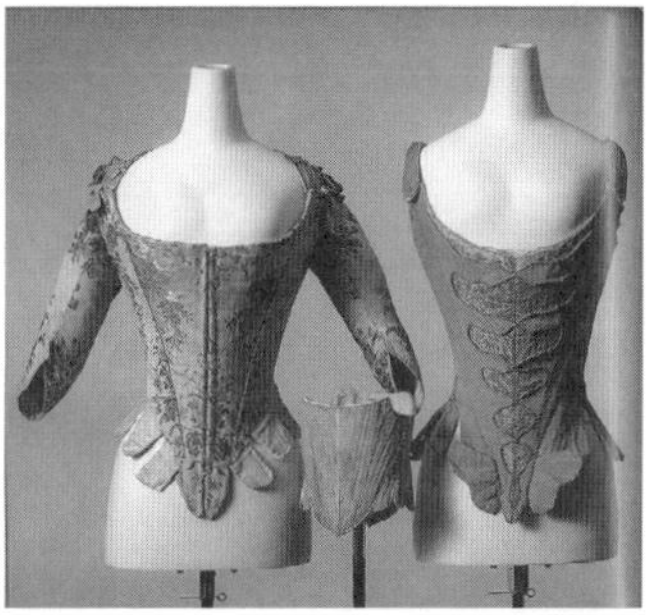

図 149　コルセット（左）1760 年頃 花柄の絹のブロケード 前後で紐締め（中）18 世紀中期 子供用コルセット 麻に革の縁取り 全体にボーン入り（右）18 世紀初期 背と両サイドで紐締め 前中央内側にポケット（京都服飾文化研究財団蔵）

図 147　モード図版　子供服は大人のミニチュア化

図 150　モード図版より（女性）ローブ・ア・ラ・フランセーズ（男性）アビ・ア・ラ・フランセーズ 派手なヘアスタイル

図 151　ア・ラ・ベル・プールと名付けられた髪型（1778 年）3 本マストの帆船ア・ラ・ベル・プール号が英国船を撃沈した記念に流行（京都服飾文化研究財団蔵）

図 152　髪型の創作（カリカチュア・1770 年）　助手が分度器を使って高さを指示している。1~2 m に達する髪型もあった

図 153　婦人靴（ダマスク製）ルイ・ヒールと呼ばれたカーブの付いたヒール メタリックな刺繍

台に、馬の尻尾の毛で作った「髪床」を載せたもので、これを頭に載せて、そこに自毛を巻き付けて高くしたのである（図148・150）。高く結い上げた髪には宝石、リボン、レース、羽根毛、造花の他、植物、果物、昆虫、ミニチュア人形など、様々な飾りを付けた髪型もあり、中には果物をぶら下げた髪型もあった。1778年にフランス海軍がイギリスの無敵艦隊をドーヴァー海峡で撃沈させたことを祝って、「ア・ラ・ベル・プール」という帆船の模型を飾った髪型も流行った（図151）。

当時の風刺画には、果物や植物をぶら下げて読書をしている女性の頭に、小鳥が巣を作って棲み着いたというものや、あまり髪型が高いので、髪結いが高い脚立に乗って髪を結い上げているのを、助手が離れたところから三角定規を持って、三角函数を使って指示を出している漫画もある（図152）。

このように巨大な髪型は、結い上げるのに一週間以上かかるものもあり、また、ほどくのも困難なので、洗髪は普通、半年に一度ぐらいであったという。そのため皮膚病などで頭皮が痒くなるのは当然で、貴婦人達には「頭掻き棒」が必携品であった。この棒は30センチほどで、黄金製や象牙製で、持ち手のところに宝石の装飾が付けられていたという。この他、手袋、扇、パラソル、杖なども必携品であった。

マリー・アントワネットの大げさな髪型について、母親であるオーストリアの女王マリア・テレジアがそれを戒めた手紙が残っているという。

17世紀から流行した「つけぼくろ」は、18世紀になると一層大げさになり、顔だけでなく、大きく開けたデコルテの胸元や背中にも付けられるようになった。貴婦人達の肖像画にも、この「つけぼくろ」がはっきり描かれるようになる。

18世紀中頃には、イギリスから伝わったエプロンが流行し、ポンパドール夫人が考案したデザインのエプロンが人気があったという。

男子服は17世紀に確立した「男子服の基本形（上着・チョッキ・ワイシャツ・ズボン・ネクタイ）」は、そのまま受け継がれ、ジュストコルと呼ばれた上着は「アビ・ア・ラ・フランセーズ」と呼ばれるようになり、略して「アビ」と呼ばれた。

アビもバロック時代のような堅苦しいシルエットではなく、胴を絞り、腰から下のスカート部分には、油紙を入れてふっくらと柔らかい線を出すようにした。前面には豪華な刺繍を施し、ボタンは「贅沢の見せ所」といわれ、七宝や宝石入りの直径6～7センチの大型のものもあり、七宝焼きで風景を描いた豪華なボタンもあった。

袖には取り外しの出来るカフスがついており、カフスにも豪華な刺繍を施した（図143・145）。

ヴェストと呼ばれたチョッキは「ジレ」と呼ばれるようになり、バロック時代のヴェストより丈が短くなりウェスト丈になった。このジレは上着であるアビを前開きにして着用したので、胸の部分には刺繍を施し、さらに毛皮を付けたり、金箔で飾ったり、コードの縁取りを施し、「オシャレの見せ

図 155　アビ・ア・ラ・フランセーズ（上衣）縞柄のリヨン製の絹 大きいくるみボタン（シャボ）綿ローン ボビンレース（1780 年頃・京都服飾文化研究財団蔵 / 右図も）

図 154　男性の三つ揃い（ジャケッ・ウエストコート・ブリーチズ）袖口を広く折り返している（イギリス・1740～65 年頃）

所」といわれた（図155）。

クラヴァットはバロック時代の長い大げさな物にかわり、地味な黒絹の結びタイになった。しかし、ロココ時代に入ると首回りはジレに付けられたレースのフリルで胸元を飾るのが一般的になった（図154）。

さらに「フラック（frac）」と呼ばれる新しい上着が登場する。これはアビの変形であるが、公服ではなく事務服、カジュアル服として軽快な実用的な衣服であった。これが後の「背広服」の原型になる。

外衣としては「ルダンゴト」という、イギリスから入ってきたものがあった。イギリスでは乗馬用のコート（ridinggoto）として着られていたもので、襟が二重になっていて、袖口を折り返すのが特徴であった。フランスでは、主に日常着、旅行着として流行した。丈は長いものは足首まで、または腰丈のものもあったが、ウェストにベルトを締めるのが通常であった。後には「アビ・ルダンゴト」と呼ばれて礼服・公服としても着られるようになる。

髪型はレジャンス時代と同じく、長髪を首の後ろで束ねて、リボンで結んだり、袋かつら（黒い袋）に入れたりした。

帽子は黒のフェルト製で、「トリコルヌ（toricome）」という被り物で頭頂部は平たく、ブリムが三方にめくれ上がった形であった。これは既に17世紀の終わり頃から流行りだしたが、一種のアクセサリー的役割のもので、頭に被らずに脇に挟んで持つのが一種のエチケットとされた。

履き物は、貴族達は「ルイヒール」という赤い踵の靴を履いた。なめし皮で作られ、バックルには宝石の飾りを付けた（図153）。

この時期、髪のオシャレに欠かせない流行が始まった。それは「髪粉のオシャレ」である。当時、白髪は「威厳がある」「落ち着きがある」ということから、貴族たちの間では、髪に小麦粉を振りかけて白くすることが流行した。鞴《ふいご》（鍛冶屋が炉風を送る道具）に小麦粉を入れ、髪の前面に振りかけて前髪を白くした。このため、貴族の家では「髪粉部屋」を設けて、そこで頭髪に小麦粉を振りかけたという。この髪粉のオシャレのために、パンを作る小麦粉が不足する事態が起こり、庶民の食生活を圧迫したとも考えられる。

この小麦粉不足の原因には、意外な事実であるが日本も一役かっていたという説がある。それは、天明3年（1783）に浅間山が死者2万人を出すという大噴火を起こした。その噴火の灰が成層圏に達し、季節風に乗ってヨーロッパに不天候をもたらし、農作物の不作を招いたといわれている。この灰がパリにも降り、小麦が大不作になったという。フランス革命は遠いヨーロッパの出来事のように思うが、日本の火山の噴火が関わっていたというのは驚きである。

このような贅沢に明け暮れていた貴族の人工の割合は、フランス人口の3パーセントであり、残りの庶民は苦しい生活を強いられていた。

革命当時のフランスの社会構成は、

第一身分＝僧侶：10万人
第二身分＝貴族：40万人
第三身分＝市民：250万人／農民：2000万人
（第三身分と呼ばれる人々は全人口の90％を占めていた）

支配階級は全国民（2600万人）の3％弱
支配階級の土地所有率は35％

この数字からも分かるように、ロココ文化を満喫出来たのはごく少数であり、その贅沢を支えた一般市民が如何に生活に苦しんでいたかが想像出来る。かくして、フランス革命は起こるべくして起こった、市民の不満の爆発であった。

18世紀後半、思想家ジャン・ジャック・ルソー（JeanJacquesRouseau／1712〜1778年）は『自然契約論』を著し、その中で当時の身分差別による階級制を批判し、人間は自然状態では平等であると主張して「自然に帰れ」と唱えた。当時の人々は、このルソーの主張に共鳴し、堕落したロココ文化に批判の目を向けるようになった。この社会矛盾に目覚めた民衆の不満が爆発したのがフランス革命であった。

フランス革命は1789年に勃発する。このパリで起きた暴動により、ヨーロッパは混乱に陥り、多くの貴族達は国外に避難したが、ルイ16世とマリー・アントワネットは処刑されることになる。

この庶民の暴動のスローガンは「サン・キュロット（キュロットをなくせ／キュロット反対）」という言葉であった。「キュロット」は男性貴族の宮廷服のズボンであった。

余談になるが、私はこのスローガンに非常に興味をもつ。日本でも江戸時代、百姓一揆が度々起こり、農民は蓆《むしろ》の旗を押し立てて代官所に殺到したというが、このとき、蓆に書かれたスローガンは「米よこせ」であった。それで、百姓一揆のことを「米よこせ運動」ともいう。しかし、フランス革命に参加した庶民達は「パンよこせ」とは言わず、「サン・キュロット」と口々に叫びながらベルサイユ宮殿に押しかけたという。「キュロット」は貴族の男性の宮廷服であった。つまり「貴族をやっつけろ！」という叫びである。私が興味を持つのは、さすがに、オシャレなフランス人だけあって

「食べ物（パン）」より「衣服（キュロット）」を取り上げるところが、切羽詰まった状態の中でも、優雅だなあ……と感心する。

18世紀末の世相を見てみると、1750年頃から「田園趣味」が広まってくる。貴族達は贅沢の限りを尽くした宮廷生活の倦怠からの逃避を求めて、「ブードワール」の社交を好むようになった。ブードワールとは「女性の私室」という意味である。マリー・アントワネット自身も、ベルサイユ宮殿の敷地の中に田舎風の小屋を建て、農婦のような生活を楽しんだという。この際、彼女が着たドレスは「シュミーズ・ア・ラ・レーヌ（王妃の下着）」と呼ばれた。

【革命家の衣服】

フランス革命を指導した革命家たちの服装は、スローガンが「サン・キュロット」であったことから、当然「細身のキュロット」ではなく、ダブダブの長ズボンであった。これは「パンタロン」と呼ばれ、長さは足首までの長ズボンであった。色は縞柄かグレイの無地、素材は毛織物、形は直線裁ちの幅広型で幅の広いベルトを締めた（図156）。

現代「パンタロンルック」というと、オシャレな「パンツルック」を想像するが、元来「パンタロン」はキュロットに対する「長ズボン」の名称で、キュロットの優雅さに対する庶民の野暮の象徴で

図 157　アンクロワヤーブルの風俗（モード図版・19 世紀初）ルダンゴト：大きな二重襟 18 世紀後半から外衣として着用

図 156　革命家の服装（上衣）カマルニョル（脚衣）パンタロン（囚人帽）フィジリア風バネット（木靴）サボ。ポワリー画「サンキュロットの服装」1792 年 10 月 4 日自由祭で歌手シュナールがサン・キュロット派に扮し、長ズボンを着用した舞台衣裳。

図 158　革命後のアンクロワヤーブルとメルヴェイユーズの風俗（男性）シルクハット 顎を覆うクラヴァット 派手なジレ 細身のパンタロン（女性）シュミーズドレスは裾長 ショール

あった。

上衣はカルマニョル（carmagnole）と呼ばれ、丈は腰まで、襟は柔らかく無造作に折り返し、色は一般にブルー系で、全体にダブダブしたものであった。チョッキは袖無しで、上衣をボタン留めせず、前開きにして着用した。クラヴァットは短めの布を前結びにした。被り物は、ボネットという赤のフィジリア風の被り物であったが、これは徒刑囚の被り物であり、ボネットには自由のシンボルとして三色の徽章を付けた。履き物は「サボ（sabot）」という木靴を履いた。現代の「サボタージュ」という語は、この「サボ」からきている（図156）。

この革命家の服装は、１７９９年までの一時期、庶民の風俗であった。

(Ⅳ) 近代（19世紀）の衣服

フランス革命はフランスにおける単なる市民革命ではあったが、ルイ14世以来、世界の主導権を握ってきたフランスで起きた混乱はヨーロッパ全体に影響を及ぼした。

この混乱を収拾し、１７９９年11月18日のクーデターにより統領政府を立ち上げた指導者が、ナポレオン、シェイス、ジュスコの３人の統領であった。統領政府は３人の統領と三院制議会から成るものであったが、投票によりナポレオンが第一統領に選ばれた。

ナポレオンはブルボン家の血筋ではないので、王位には就くことができず、皇帝(エンペラ)を名乗り、ここにナポレオンの第一帝政時代が発足する。

ナポレオンは1804年12月、フランス人民の皇帝として帝位につき、ナポレオン1世と称し、ノートルダム寺院において戴冠式を行った(図159)。

フランス革命が勃発し、世の中が混乱していた間に、一時、若者の奇抜な風俗が現れる。男性は「アンクワヤーブル(Incroyable/伊達男)」と呼ばれて(図157・160)、風変わりな服装、言動をする人々であった。女性は「メルヴェイユーズ(Merveilleuse/伊達女)」と呼ばれ、やはり風変わりな風俗で街を闊歩した(図158)。

男性は緑のクラヴァットにブロンドのかつら、髪はオオカミヘアといういでたちであった。女性もダブダブの短めのワンピースで、だらしのない服装であった。

日本でも戦後「太陽族」という若者の新しい風変わりな風俗が現れたが、戦後の混乱期に現れる若者の気風であろうか。

〈1〉新古典主義時代(ネオクラシシズム/19世紀初期)

1765年に批評家・グリムが、

図 159　1804 年 12 月「ナポレオンの戴冠式」
（ダヴィッド画・於ノートルダム大聖堂）

図 160　アンクロワヤーブルの服装とシュミーズ・ドレス
（オラース・ヴェルネ画／ 1801 年）

「数年前から人々は古代装飾や様式を研究してきたが、その際、趣味の面で大いに得るところがあり、今日では何もかもがギリシャ風に作ることが流行している。建物の外壁、内面装飾、家具、織物、あらゆる装飾品がパリでは「ア・ラ・グレーグ（ギリシャ風）」になっている。」

と当時の世相を述べている。

またその頃、紀元前79年に噴火し、古代都市ポンペイを壊滅させたベスビオ火山の発掘作業が進んで、噴火によって埋没した古代都市ポンペイの様子が明らかになりつつあった。これによって、人々は古代に強い関心を持ち始め、ギリシャの古代民主主義や古代都市への興味と憧れが人々を惹きつけ始めていた。加えて王政が倒れ、ナポレオンの帝政が始まると、人々は18世紀に広まったルソーの自然主義に啓蒙されて、人間が最も自然な状態にあった古代ギリシャに憧れを持つようにもなり、人々に「古代崇拝」の思想が生まれた。

このようにして、新古典主義が広まり、時代の様式美は、古代ギリシャ時代を模範としてそれに倣って作られ、生活全般に古代ギリシャ風が尊重され、取り入れられたのである（図162）。

衣服についても、古代衣服の単純さの中に、美しさを見出そうとしたのである。前にも述べたように古代の衣服は、裁断縫製を施さない一枚の大きな布を身体に巻き付ける形式の衣服であった。従って、シルエットは補助器具を使用せず、身体の線に沿った細身で自然なかたちであった。

これは「シュミーズドレス」と呼ばれて流行するが、初めて女性が二の腕を出したデザインとして

図 163　オーストリアの王女マリー・ルイーズ（後にナポレオンと結婚）ハイウエストのエンパイアドレス

図 161　エンパイア・ドレスのジョセフィーヌ（グロ画）

図 164　シュミーズ・ドレス（19世紀初期・現存衣裳）ハイウエスト パフ・スリーヴ 裾の広がりが増して装飾的になる

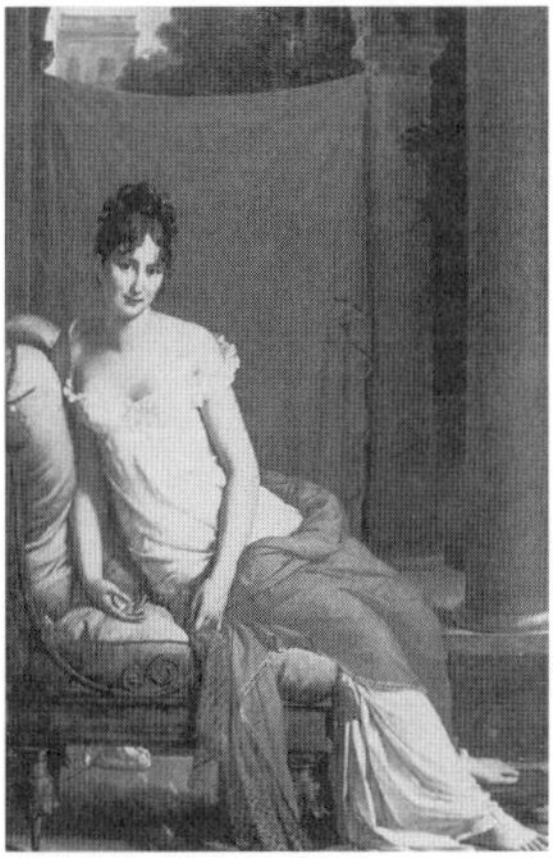

図 162　レカミエ夫人の肖像（1802年）シュミーズ・ア・ラ・レーヌ 古代ギリシャ風のシュミーズドレスにショール コルセットやペチコートを排除し直接素肌に。古代ギリシャに憧れインテリアにもギリシャ建築の円柱を取り入れた。

注目された（図160〜163）。

ナポレオンは１８０４年12月にノートルダム寺院で「戴冠式」を行った。画家のダヴィデがその様子を描いた有名な「戴冠式」という絵画がある（図159）。絵の中で、赤いマントの裾を引いて、ひざまずいているのが王妃ジョセフィーヌである。彼女が着ている白い細身の衣服が「シュミーズドレス」といわれるもので、ジョセフィーヌが着用したことから「エンパイアドレス」と呼ばれた。襟はデコルテになっており、袖は可愛いパフ・スリーブで、身頃はハイウェスト、スカートはやや裾広がりで、くるぶしが見える程の丈で全体にほっそりしたシルエットであった。

「シュミーズ」というのは、中世以来、上着の下に着る「下着（＝内着）」を指したので、男子服では後の「ワイシャツ」に当たる物であり、女子服では「ブラウス」に相当するものであった。旧宮廷貴族たちは、その単純なシルエットや二の腕をむき出しにしたドレスは、まさに下着のような衣服であると驚いたという。

しかし、「シュミーズ・ア・ラ・レーヌ（王妃のシュミーズ）」はロココ末期、田園趣味がもてはやされた頃、マリー・アントワネットが既に着用していた衣服である。

ナポレオン・ボナパルトは１７６９年、コルシカ島の生まれで、イタリア系の貴族であった。ジョセフィーヌも島育ちの野性的な魅力を持った女性だったので、このドレスは非常によく似合ったので、「シュミーズ・ア・ラ・レーヌ（皇妃のローブ）」と呼ばれ流行した。また、この可愛らしい提灯袖は「エンパイア・パフ・スリーブ」と呼ばれ、シュミーズドレスの一つの特徴であった。さらに、このドレスの特徴は、身頃がハイウェストで、シルエットが細身なことであった（図164）。

シュミーズドレスの色彩は派手なものはなく、主に白でやや裾広がりになった裾には刺繍や飾りが付けられたりした。襟はデコルテが一般的であった。

「シュミーズドレス」の一番の特徴はパフスリーブであったが、二の腕を剥き出しにしたパフスリーブを旧貴族たちは〝はしたない〟と非難した。そこで考え出されたのが「マムリュク袖」という手首までの長袖であった。これは、長袖の数ヶ所をリボンで結んだデザインで、一見「芋虫」のようだという批判もあったが、可愛らしいので流行した（図165）。

このハイウェストのドレスには、外衣として丈の短い「スペンサー」が着られた。これはイギリスから入ってきたもので、袖は長袖、丈はウェストまで、襟は折り返すか、または小さい襞襟（ラフ）がついていた（図166）。

「スペンサー」はイギリスの貴族の名前で、これにはちょっとしたエピソードがある。ある時、スペンサー男爵が馬に乗ろうとしたとき、外衣が鐙《あぶみ》に引っかかって、衣服のウェストから下の部分がちぎれてしまったが、そのスタイルがとても軽快で乗馬にも適していたので、外衣として着られるようになったという。

ハイウェストのシュミーズドレスには丈の短いスペンサーは、外衣としてよくマッチしていたので流行した(図166)。

ロココ時代に男性の外衣(=旅行着)として着られるようになった「ルダンゴト」は、引き続き着られたが、この時代には女性も着るようになった。女性の場合、前を合わせず、裾まで開けて着用した。

シュミーズドレスには「カポット」という帽子がよく似合ったが、これはクラウンの高い、プリムの狭い形であった(図166)。

この時期、現代女性にとっては、欠かせない下着、パンティが「ドロワーズ」という名で初めて登場する。現代の女性にとって、基本的な下着は「パンティ」と「ブラジャー」であるが、その一つであるパンティは、この19世紀初期に初めて登場したので、女性の下着の「第一革命」と言われる。

何故、ここでパンティが登場したかについては、逸話のようなものがある。

この時期の流行である「シュミーズ・ドレス」の特徴は細身であった。当時、東インド会社から薄手の木綿が輸入されるようになり、上流階級の夫人達はこの素材でドレスを作った。シュミーズドレスのデザインは「細身」が特徴であったので、ドレスを一度、水につけて、そのまま着装すると身体にぴったりして細身になると考えて実行した。すると、身体が透けて見えるので、下半身にパンティが必要になったと言われているが、真偽の程は分からない。が、下着の第一革命と言われているのは

図 167　モード図版（1804 年）（男性）襟元が大きく開いたアビ・フラック 短い丈のヴェスト 顎を包むクラヴァット 南京木綿製パンタロン（女性）シュミーズドレスは細身 ハイウエスト パフスリーヴに長手袋 腕に掛けたレティキュール（小袋）

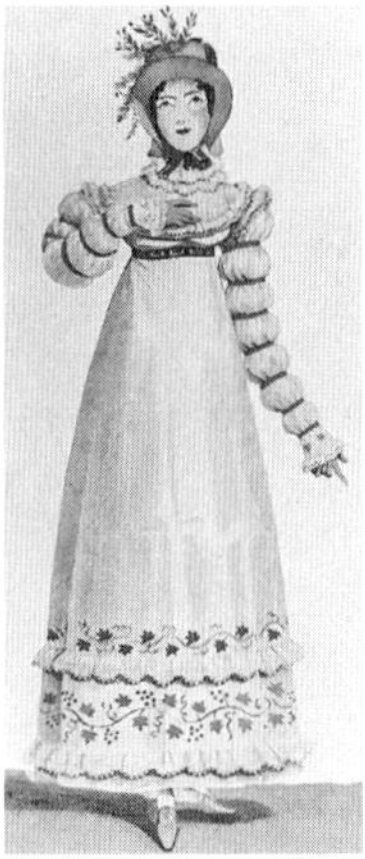

図 165　モード版画（1810〜18 年）シュミーズドレスはハイウエストでやや裾広がり 裾には手芸的装飾 マムリュク袖は細いリボンで結び膨らみを出す

図 168　ナポレオンは宮廷文化に憧れた。18 世紀末〜19 世紀初期の現存衣裳（男性）アビ・ア・ラ・フランセーズ キュロットにストッキング クラヴァット（女性）ローブ・ア・ラ・レーヌ パフ・スリーヴ

図 166　モード図版（19 世紀前半）英国風スペンサー（外衣）ウエスト丈でピッタリした長袖付きレースの襞襟（カポット）つばの付いた帽子

図169　モード図版 1810年（男性）上衣はアビ・ディガジェ 脚衣はユサルド型パンタロン クラヴァット顎を包む（女性）シュミーズドレス 袖はパフスリーヴ 長手袋 被り物はカポット

図170　モード図版 19世紀初期（男性）アビ・ディガジェ ユサルド型パンタロン クラヴァットが大袈裟（女性）細身のシュミーズドレス レースの縁取りの付いた長いショール

事実である。このように「新古典主義時代」の美意識を女性の流行は忠実に取り入れたのである。

（※）19世紀初期のパンティは「ドロワーズ」と呼ばれたが、日本でも、私達の年齢の者は子供の頃、パンティとはいわずドロワーズを日本式に「ズロース」と呼んでいた。

男子服はバロック時代に確立した基本形から外れない。「上衣・ジレ・シュミーズ・パンタロン・クラヴァット」の五つのアイテムは基本形として受け継がれた。

上衣である「アビ」はロココ時代に「アビ・フラック」と呼ばれた事務服が一般的な衣服として着られるようになった。アビ・フラックはロココ時代には正式な宮廷服ではなかったが、ナポレオン時代にはこれが正式な上衣として着られるようになった。「アビ・フラック」は後裾の垂れが長く燕尾状で、後裾には背割れがあった（図167）。

ジレには小さい立ち襟が付いて、丈はウェストラインまでの短いもので、前はダブル式が多く、色彩は派手な縞柄が多かった。材質はピケやサテンが使われた（図168）。

男性のシュミーズは立ち襟で、材質は白麻製が流行した。クラヴァットは白モスリン、または絹製が多く結び方は様々であった。

脚衣はフランス革命のスローガンが「サン・キュロット」であったことから、膝丈の細身のキュロットは避けられて、革命家達が穿いた「パンタロン」が着用された（図169）。

パンタロンは革命家が穿いたダブダブの形ではなく、キュロットの名残で脚にぴったりした細身になり、丈は膝までぐらい、材質は南京木綿製が好まれた。

ナポレオンの出自は平貴族出身であったので、宮廷貴族に対する憧れが強く、ロココ時代のファッションに近づけることを望んだという。

「ユサルド型パンタロン」という新しいパンタロンが登場するが、これはキュロット風に脚にぴったりの細身で、丈は膝丈ぐらいであった（図169）。

クラヴァットは小型化して、シロモスリンか絹で作られ、結び方に工夫を凝らした（図170）。

外衣としては、引き続き「ルダンゴト」が着られたが、襟にアストラカンや毛皮をつけることが流行した。

＊

19世紀初期、「ジョージ・ブランメル（GeorgeBrayanBrammel／1778〜1840年）」という英国貴族がいた。彼はイギリスの上流貴族で、ダンディの代表とも、ベストドレッサーとも称され、粋な男性の典型であった。彼はオシャレについて、『ブランメルの服装論』を著し、近代男子服の着こなしについて重要な発言を残している。

「紳士にとって大切なことは、やたらと装飾的であったり、間の抜けたダブダブの感じではなく、身体にぴったり合った服を何気なく着こなすことである。」

現在の男子服の着こなしの中で、ブランメルが始めたことが、現在でも守られていることがある。それはワイシャツは、スーツの襟や袖口から1インチ（2.54センチ）出すのが正式（?）とされていることで、これはブランメルから始まったといわれている。

彼の逸話としては、毎日同じ服を着ているので、オシャレなのに何故かと問われ、「自分は同じ素材で、同じデザインの服を300着以上持っているから、毎日、違う服を着ている」と答えたという。また、調髪についても、前髪担当、後髪担当、横髪担当の理髪師を6人抱えていて、毎日伸びた分だけ剪らせていたという話が残っている。

＊

19世紀初期は「ギリシャに還ろう」という世相であったので、この時代の美意識はすべて「古代ギリシャ」をお手本にした。この美意識は衣服のみならず家具調度にまで及んで、部屋の中にギリシャの神殿風の円柱を、インテリアとして置いたりもした。

1802年に描かれた「レカミエ夫人の肖像画」は、ギリシャのキトン風のドレスを着た夫人が椅子に寄りかかり、その脇に神殿の円柱がインテリアとして描かれている（図162）。

（※）大学での講義の際、下着のパンティが19世紀初期に初めて登場したというと、学生達は「キャー」と驚くが、ペチコートで膨らんだスカートの下には、パンティを穿いていなかった。16世紀に初めてスペインでスカートを拡げる為の補充器具が開発されたとき、それを「ベルチュガド」と名付けたのは「徳の守り」という意味であった。しかし、ベルチュガドが拡大すると、男性がスカートの中に入っていても分からない、という漫画が現れたりした。

（※）日本でも和服の下には、パンティ形式の下着は着けず、「おこし」または「腰巻き」「湯もじ」という長方形の布を腰の周りにつけるのが一般的であった。このため、昭和の初期に痛ましい事故があった。当時の女性は和服の下に「湯もじ」を付けただけで、パンティ形式の下着は穿いていなかった。

昭和7年に日本橋の白木屋百貨店で火事が起こり、大勢の女性が命を落とした痛ましい事故があった。これは火事が起こった時、高い階にいた女性客に、ロープを伝って下に降りるように指示したが、女性客は下から吹き上げるつむじ風で、裾がまくれてしまうので、女性の本能で無意識にロープから手を離し、股を隠そうとして墜落して多くの死者が出たという。

〈2〉浪漫主義時代（ロマンチック時代／19世紀前半）

１８１４四年にナポレオンの第一帝政時代が終わり、ルイ18世（16世の弟）が即位して、久しぶりにブルボン王朝の王政が復活する。人々は久々の王政復古を歓迎し、ロマンチックな気分に浸り始めた。当時の人々は生々しいフランス革命の記憶から抜けきれず、理想としたのはルネサンス期の宮廷文化であった。

この世相を受けて、先ず女子服は簡素なシュミーズドレスを捨てて、華やかなドレスに憧れるようになったが、大げさなロココ文化ではなく、ルネサンス時代の衣服に憧れを持ってルネサンスファッションを復活させた。

女子服には先ず、上半身のコルセットが復活した。イギリスではそれより早くすでに、１８１０年頃からコルセットが現れ、フランスでは１８１９年頃から使用され始めた。

ローブのデザインとしては大きい襟明きの「デコルテ」が復活し、時には肩の丸味が見えるほど大きく明けたドレスもあった。ウェストラインはハイウウェストから元の位置に戻り、スカート部分ではペチコートは使用しなかったが、ウェストにたっぷりとったギャザーで自然に膨らんだシルエットであった。このスカートには、レース、リボン、造花、組紐飾りなど様々な飾りが付けられた（図171・172）。

図 171　ロマンティック時代のドレス（モード版画・19 世紀中期）　徐々にスカートにクリノリンを使用するようになる。

図 172　ロマンティック時代のドレス（モード図版・19 世紀中期）

図 175 パリジェンヌの一日 (モード図版) 午前 3 時のパリジェンヌ 舞踏会から抜け出して ルネサンスモードの復活 大きいデコルテ 大きいジゴ袖

図 173 パリジェンヌの一日 (アシール・ドヴァリエ画・1840 年) 午前 8 時のパリジェンヌ (左の女性) モーニングドレス 家庭着+エプロン (右の女性) アフタヌーンドレス 深いデコルテ 短いパフスリーヴ 髪飾りは装飾が派手に

図 176 ロマンティック時代初期のモード ペチコートを使用せず大人しいシルエット ハイウエストからウエストが正常な位置に戻る 大きいデコルテ 膨らんだ袖などルネサンスモードが復活 女性には帽子が必需品に

図 174 パリジェンヌの一日 (モード図版) 午後 3 時のパリジェンヌ ルネサンスモード 襞襟 羊脚型袖 (ジゴ袖) 肩を覆うジョケイ

袖はルネサンス時代の「ジゴ袖」が復活し、袖付けの辺りに「ジョケイ」と呼ばれる飾り布を付けた（図173・174・175）。

これは、一種の肩当てのようなもので、襟と袖の中間に付けられ、形としては肩の飾り布が袖の上部を取り巻くように仕立てたものであった。後には二重になったジョケイも現れたが、ロマンチックらしい雰囲気のものであった。襟にはルネサンス時代に流行した「ラフ」も復活したが、大げさなものではなく、小型の可愛らしいラフであった。

外衣としては、袖が大きくなったのでルダンゴトは着られなくなり、カシミアのショールが大流行した。

1830年代になると「ローブ・ド・バレ（robedebal）」という舞踏会用のローブが流行した。このドレスの襟は大きなデコルテで、袖は柔らかいジゴ袖で、袖口にレースを付け、ウェストは細く、スカート部分は豊かな膨らみを持って、前開きにしたので、下から派手なアンダースカートが見えて、華やかなドレスであった。

この時代、女性は「髪をそのまま見せないこと」が、大切なエチケットになった。外出時は必ず帽子を被ったが、外出用の帽子には両脇に2本のリボンが付いていて、顎の下で結んで着用した。室内でも他人に会うときは必ず、帽子、または小さい頭巾を被る習慣が出来た。夜会用の帽子はレース飾りやリボンを付け、モスリンのヴェールを付けたものもあった（図176）。

この時期、履き物に大革命が起こった。1830年代にアメリカのゴム製造会社(グッドイヤー社)が、ゴムの商業生産を始めたが、これは「履き物の革命」と言われた。1832年には「ラバー・ソール」(ゴム底靴)が現れ、アメリカ人がゴム底の靴の特許を取った。続いて、1840年にはイギリス人が「ゴム布」を発明し、靴の甲の部分の側面にゴム布を挿入し、穿き心地の良い靴を考えた。これはゴムの効果で留め具が不要になり、軽量の靴が作られるようになった。

男子服は女子服ほどにロマンチシズムの影響を受けることは少なく、基本型は上衣・ジレ・パンタロンの組み合わせであった。それでも上衣はロココ時代の呼び名の「アビ」と呼ばれるようになり、アビの胴は細くなり、肩を怒らせて、胸を張るスタイルが流行したが、全体にすっきりしたシルエットであった。アビの襟はウェストの辺りから大きく折り返して、下のジレを見せることが流行った。そのためジレはアビに比べて、派手になりビロードや白ピケ・ブロケードなどで作られ、金ボタンを付けたりした。

パンタロンは南京木綿が流行し、白ピケや白のコールテンが流行したが、黒や淡い色のカシミア製も着られた。アビが細身のシルエットになったため、アビとの釣り合いからパンタロンは極端に細くなった。極端に細くなると裾が上がってしまうので、1840年代頃には、裾口に細いバンドを付けて、靴の下側に掛けて着用するようになった。

これとは別に「水兵型パンタロン」が流行ったが、これは裾がやや裾広がりのシルエットであった。クラヴァットはインド・モスリンに糊付けした物が主流であったが、黒絹の小さい結びタイもエレガントな雰囲気で流行した。

外衣は引き続き「ルダンゴト」が着られたが、「ペルリーヌ」という肩飾り布が付き、身幅が広く、たっぷりしたものが好まれ、裾がスカート状に拡がった物もあった。色は黒がエレガントと考えられ、1830年代前半には黒が大流行した。


1814年に王位に就いて王政復古を実現したルイ18世は、初めは国民と妥協した政治を行っていたが、徐々に旧制度への復帰をはかるようになり、次第に人望を失っていった。そして、1824年にはシャルル10世に王位を譲ることになる。しかし王位についたシャルル10世も、ブルジョワジーを犠牲にして、フランス革命時代の亡命貴族の財産を補償したり、カトリック教会を手厚く保護したり、反体制を露骨に強化した政策をとった。このため、ブルジョワジーとの対立が激しくなり、1830年7月に「七月革命」が勃発し、3日間にわたる市街戦で国王軍が破れ、シャルル10世は亡命した。

その後、オルレアン・フィリップを国民の王として迎えるが、1848年2月の「二月革命」により、ルイ・フィリップはイギリスに亡命し、王政は終わりを告げる。

1848年12月にルイ・ナポレオン(初代ナポレオンの甥)が大統領選に大勝して、1852年11月、皇帝に即位した。ここに皇帝ナポレオン三世の第二帝政時代が始まる。ナポレオン三世は商工業の保護、労働条件の改善、公共事業の促進などに力を入れ「労働者の皇帝」と呼ばれることを望んだ。その間にも、資本主義の体制が整い、産業革命が進み、1851年には第一回万国博覧会がロンドンで開かれたが、ナポレオン三世は1870年のプロシャ・フランス戦争(普仏戦争)に破れ帝位を退くことになる。

〈3〉リアリズム時代(現実主義時代/19世紀後半)

19世紀後半になると資本主義が目覚ましい発展を遂げ、産業界の機械化も進み、世の中は合理的・現実的なものを好むようになる。世相もロマンチックな雰囲気よりも合理的、実用的、機能的な風を求めるようになり、リアリズム時代が始まるのである。

【クリノリン時代】

女子服はロマンチック時代が終わった19世紀中頃から、再びスカートを膨らませるシルエットが復活する。服装史の中では「クリノリン時代」と呼ばれるほどに「クリノリン・シルエット」が流行する。クリノリンは馬の尻尾の毛(crin)を織り込んだ硬い布を使ったペチコートである。この布を針金のような細い鋼鉄で作った十段ほどの輪骨に張った補助器具で、シルエットは円錐形ではなく、前面は余り膨らませず、後に大きく張り出した形であった。

このシルエットを考え出したのは、ナポレオン三世の皇妃ユージェニー付きデザイナー・シャルル・フレデリック・ウォルト（CharlesFrederickWorth）であった。ウォルトは後に「オートクチュールの創始者」と呼ばれる。

当時のファッション界は、王妃や皇妃など高貴な貴婦人の衣服は、専属のデザイナー即ち「衣装係」のような人物が付いていて、王妃のためだけにデザインを考案していた。因みにマリー・アントワネットにはローズ・ベルタ夫人という人物が付いていた。

皇妃ユージェニーはスペイン上流貴族出身で非常に優雅な女性だったので、このクリノリン・スタイルがよく似合い「クリノリンの女王」と言われた。

女子服の流行に大きな影響を与えたのが「ミシンの発明」であった。1846年にエリアス・ハウ（Eliashowe）が上糸と下糸を使った「ミシン」を発明した。さらに1851年にメリット・シンガー（IsacMerritSinger）が「改良足踏み式ミシン」を発明し、縫製機械生産会社を設立した。それまでのドレスはすべて手縫いで、しかも「全返し縫い」で仕立てられていた。ミシンの縫製速度はこれまでの手縫いの速度の600倍といわれ、コストダウンにつながった（なお現在の電動ミシンは手縫いの2000倍の速さ）。

図 179　クリノリンで膨らませた巨大なスカート（挿絵・19 世紀後半）

図 177　クリノリン衣裳（1885 年）ドレスの裾：4 段にガーゼ布の花と葉の飾り 襟開き：レースの飾り 袖：新型のパゴダ袖 スカート：前面よりも後ろに大きく広がるシルエット

図 180　サマー・ドレス（1853 年・現存衣裳）プリント模様 モスリン地の夏用のクリノリン衣裳 スカートは 4 段切替 袖はパゴダ袖

図 178　クリノリンシルエットのドレス（モード図版）スカートのデザインが見せ場になり様々な装飾を施す。時には生花や果物等をぶら下げた。

その結果、婦人服のスカートは必要以上のギャザーで飾られるようになり、今まで貴婦人か、ココット（娼婦）だけが着用した大げさなスカートのドレスが、中間階級や一般労働者にまで普及した。当時の風俗を評して「裏町の魚屋・八百屋のおかみさんまで、クリノリンで膨らんだスカートをはくので、街の中にはアドバルーンがごろごろしている」と評された。働く女工までが、クリノリンをつけた衣服で作業をしたので、イギリスのガラス工場で働く女工が、クリノリンスカートで壊したガラスの弁償金が、年に200ポンドだったという。

このクリノリンのシルエットは先にも述べたように、前方には膨らませず、前面は垂直に近いシルエットで、後に大きく張り出したものであった。この大きさはエスカレートして、大きくなったスカートの裾の中に、男性が隠れて入っていても分からないという漫画が出たりもした（図178・179）。

（※）下半身の補助器具が初めて考案されたのは、16世紀のスペインで「ベルチュガダン」と呼ばれたが、これは「徳の守り」という意味であったという。当時、女性はパンティ式の下着をはいていなかったので、男性から身を守るためにベルチュガダンを付けたといわれている。しかし、クリノリンは男性がスカートの中に入っても分からないほどの大きさであったことを皮肉ったのである。

この大きなスカートには、ロココ趣味の装飾が施され、レースのフリル、造花、生花、果物などがさまざまな装飾がつけられた。また、スカートのデザインとして「ティアードスカート（段々の切り

図 181 庭園の婦人達(1866年) バシール家の娘達 クリノリン・スタイルのドレス

図 182 モード版画(19世紀後半) クリノリン・スタイルのドレス(左) ティアード・スカートは4段切替 大げさなパゴダ袖(右) パフ・スリーヴ

図 183 ユージェニー皇妃(ナポレオン三世の皇妃)と淑女達

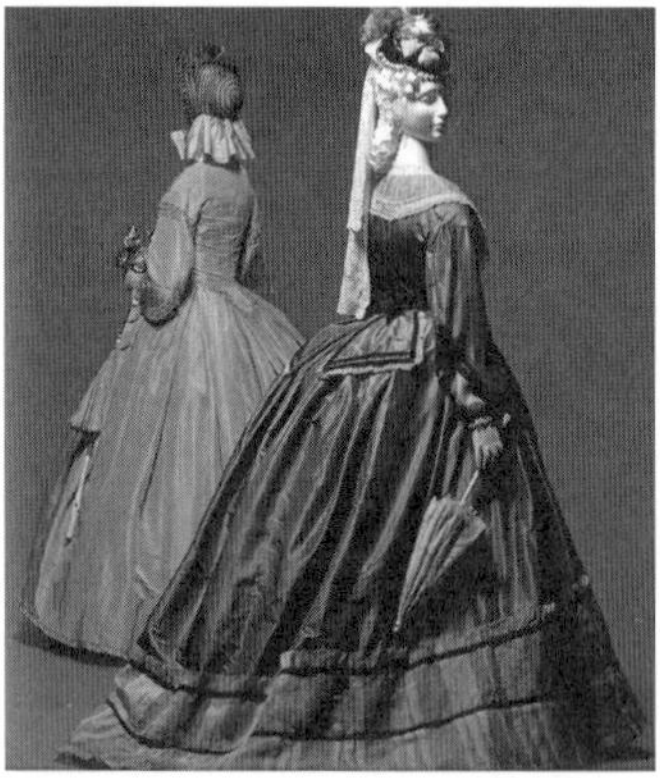

図 184 1860年代の現存衣裳 デイ・ドレス クリノリン・シルエット(左) 絹のツーピース・ドレス(右) 絹タフタのツーピース・ドレス(京都服飾文化研究財団蔵)

替えスカート)」も流行した。横に何段かの切り替えを入れ、切り替え線にレースの飾りを挟んだりした(図179)。

ローブの上半身にもコルセットが復活し、胴を鋭角的に細く見せた。襟はデコルテ(胸元の開き)が大きく開けられ、まわりにレースの飾りを付けた。

袖に「パゴダ袖」という新しいデザインが生まれた。パゴダとは「東洋の塔」という意味で、寺院の五重の塔のように何段かに切り替え、下へ向かって拡がっていくシルエットをイメージしたものである。肘から袖口に向かって段々に拡がっていくデザインで、この切り替え部分にもレースを挟んだりした(図177)。

外衣としては、ショールが流行ったが、カシミアの他にも、クレープデシンなども好まれた。スタンダールの作品にも、カシミアのショールに憧れる女性が登場するが、当時一枚のカシミアのショールの値段は、ドレス七枚分の値段であったという説もある。

【バッスルシルエット】

1860年代を絶頂期としたクリノリン・シルエットも、1870年代に入ると徐々に落ち着きを見せ、代わって「バッスルシルエット」が登場する。これは腰の後ろに「バッスル」と呼ばれる「腰当て」「腰枕」のような物を付けたシルエットである。バッスルの構造は両端に紐の付いた枕の

図 187　グラン・ジャット島の日曜日の午後 (スーラ画・1884 年) バッスル・シルエットの典型 上衣はファッショナブルな立ちのテーラード・スーツ 腹無し型コルセットで前面を押さえたシルエット

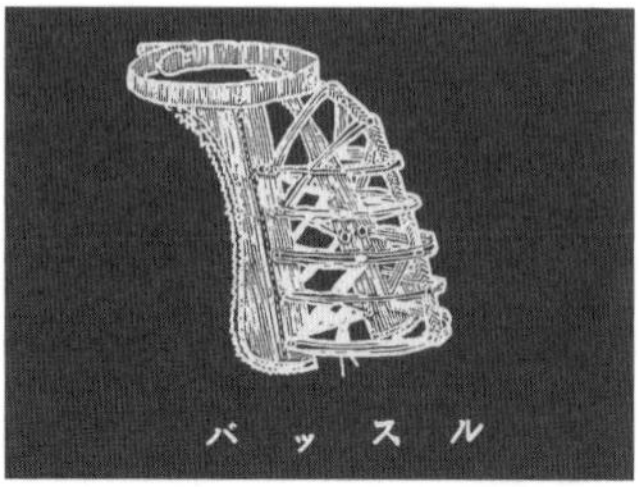

図 185　後方にクリノレットを付けたトゥールニュールバッスルの一種 (1873 年)

図 188　鹿鳴館時代の舞踏会　男性：フロックコート　女性：バッスル・シルエットの舞踏服

図 186　日本製のドレス (鹿鳴館時代・現存) 縞柄絹地を使用した初期バッスルシルエット スカートは腰の後ろに纏めてバッスルに乗せ曳き裾に

ようなもので、これをウェストに結び付けてスカートを支えた。英語で「バッスル（Bustle）」、フランス語では「トウールニュール（Tournure）」と呼ばれた。これはクリノリンの前半分を切り落としたような「輪骨構造」の形のものであり、「半クリノリン」とも呼ばれた。いずれも、前面は垂直で、後方へお尻が飛び出したような形なので、まるで「ホッテントット」のようだと揶揄された（図185・186・187）。

因みに明治20年代、日本に入ってきた洋装文化はこの時代の衣服であった。鹿鳴館の舞踏会で淑女達が着用した衣服は、このバッスルシルエットのドレスであった（図188）。

男子服はリアリズム時代の世相に根ざした機能的・活動的な衣服が着られるようになる。基本型は「アビ・ジレ・パンタロン」の組み合わせであったが、新しくモーニング・コートが登場した。これは従来のアビ、またはフラックと呼ばれた上衣とルダンゴトを組み合わせた形で、後の裾が腰の辺りまでながくなった。現在のモーニングコートの原型である。新たに、現在の背広服につながる上衣が、実用的上衣、事務服、働き着として生まれる。これは「フロックコート」と呼ばれ、裾は水平で、丈は比較的長く、小さい折り返しの襟が付き、前開きで、ボタンは4～5個、前開きがダブルのものもあり、色は地味な黒、グレイ、茶色で、格子柄の物もあった（図188）。

日本の鹿鳴館の舞踏会では、男子は主にこの「フロックコート」が着られた。男子服にはこの他に

図191　ロベール伯爵像（1897年）装飾的な外観の美しさよりスマートな着こなし シンプルな三つ揃い 黒絹の幅広ネクタイ（アスコット・タイ）

図189　アビ（正装・1875年頃）（左）フロック・コート ヴェストと細身のパンタロン（右）カッタウェイ・コート 現在の燕尾服 前身頃がウエストの辺りで水平に切れ後腰に燕尾が付く

図192　エメリー・ブルーマー夫人の改良服（1850年）ブルーマー・スタイル クリノリン反対を唱えてリアリズム時代に即した機能的なドレスを発表したがクリノリン熱に押されて流行せず

図190　20世紀カッタウェイ・コート 前身頃の裾を切り落とし形の上着 正式礼服として着られた

「カッタウェイ」と呼ばれる現在の「燕尾服」が登場する。これは、前身頃の裾がウェストの辺りで水平にカットされ、さらに脇から後身頃に向かって斜めにカットされたので、その形が「燕の尾」に似ているところから燕尾服と名付けられた（図190）。

ジレは上衣が地味であったので、相変わらず派手な色や派手な柄物、タータンチェックのものもあった。

パンタロンは長くなり、足の甲を覆うほどであった。この時期になると正装用でも、キュロットではなく、パンタロン（長ズボン）が用いられた。色はダークな無地物が多かったが、縞柄、格子柄などもも着られた。このズボンは細身が好まれたが、細くなると裾が上がってきてしまうので、ズボンの裾にベルト状の紐を付けて靴底に引っかけたりした（図189・190）。

クラヴァットは小型化し、新しくネックウェアとして「アスコットタイ」と呼ばれるものが流行したが、これは幅広の黒の絹で作られた（図191）。

シュミーズは後のワイシャツとして、襟やカフスは糊付けするようになり、カフスは「ダブルカフス」もあった。夜会用のシュミーズは胸にフリルが付いた。

女子服はミシンの発明によって、大げさなドレスも庶民の手が届くようになり、時代に逆行した大げさな衣服が流行することになったが、これに対して良識ある人々は批判的であった。アメリカの月刊雑誌「リリイ」の編集者・ブルーマー夫人(AmeliaJenksBloomer)が、クリノリン・シルエットに反対して、1851年に「改良服」を発表した(図192)。良識ある人々の間ではリアリズム時代にふさわしいと好評であったが、一般にはクリノリンの勢いに押されて、流行するまでには至らなかった。

(※)この「ブルーマー」の名は昭和時代には小学校や女学校で、女子の体操服として「ブルマー」の名で着られていた。

1830年代からゴムの商業生産が始まって、ゴムを使用した履き物が利用されるようになった。ぬかるみの中の歩行や雨の日の外出も可能になり、画期的な発展を遂げた。また、1858年にリマン・ブレーク(LymanRBleake)が、靴の上革と底革を縫い合わせるミシンを開発し、続いて1862年にはマッケイ(GondonMcKay)が底縫いミシンを発明し、今までの釘や鋲が不要となり、軽い靴が流行した。

更に1870年代初頭、グッド・イヤー社が曲がった針で上革と底革の間に別革を入れ、一緒に縫い込む機械を開発した。

リアリズム時代は身分社会ではなく、資本主義を謳歌する市民社会であり、服飾界においてはミシンの発明により生産革命が起こった時代であった。

〈4〉アール・ヌーヴォー時代（19世紀末）

「アール・ヌーヴォー（Artnouveau）」は「新しい藝術」という意味であるが、アール・ヌーヴォーという語感にはある種の郷愁を感じる人も多いと思う。「世紀末はアール・ヌヴォー」という語まであるように、この様式には多くの人々が関心を持った。

19世紀後半のリアリズム時代に産業界が画期的な発展を遂げ、機械万能という雰囲気の時代の後に現れたアール・ヌーヴォー時代は、当時の人々にある種の郷愁と新しい期待を与えたと思われる。「アール・ヌーヴォー様式」を分かり易く言うと「曲線主体」の柔らかい様式である。従って、植物の茎・蔓等をモチーフにした装飾が多い。「曲線主体」というと、18世紀の「ロココ様式」につながるが、実際、ロココ様式を手本にして優雅さを求めた。

アール・ヌーヴォーが理想とした「曲線の美」は衣服にも取り入れられ、そのための新しいコルセットが開発された。それは、「腹無し型コルセット」（sansventrecorset）と呼ばれる補助器具で、上半身のコルセットと下半身のペチコートを繋げた構造であった（図193）。前面にバストの下から腰の辺りまでひと続きの金属製の芯を縦に数本縫い付けて、腹部を押さえつけ、上半身は乳房の下辺りまでで、乳房を下から押し上げるようにし、胸を誇張的に前へ張り出すようにした構造である。この新しい補助器具を付けると、自然に姿勢が良くなり、乳房を押さえつけることがないので、当時、この

図 195　モード図版(1900 年頃)典型的なアール・ヌーヴォー・シルエット 曲線を強調したシルエット

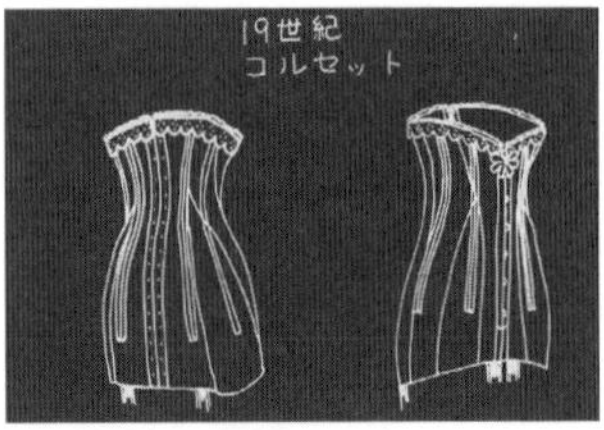

図 193　腹無し型コルセット　前面を垂直なシルエットにするため、前に針金などを挿入した。ウエストから下を長くしてストッキング留めを付けた。

図 196　モード図版(1900 年頃)アール・ヌーヴォー・シルエット 極端に細い胴 大きなジゴ袖 裾広がりのスカート 曲線を強調

図 194　アール・ヌーヴォー・シルエット(モード図版・19 世紀末)特殊なコルセットで曲線のシルエットを出す。

図 199　モード図版（19 世紀後半）スカートは後ろで纏めて曳き裾にする「エビの尻尾」と呼ばれた（左）観劇用衣裳（右）訪問着 太い縞柄が人気

図 200　モード図版（1894 年）19 世紀末スポーツが盛んになる ブルーマーの変形 ニッカーボッカー

図 197　バッスル・シルエットのドレス（1870 年代）白のオーガンジー製 リボンとラッフル飾りのトレーン（曳き裾）細身のシルエットはアール・ヌーヴォーへの移行を表している（京都服飾文化研究財団蔵）

図 198　舞踏会衣裳（モード図版・1876 年）スカートの衣裳に凝った何段も重ねた布襞 飾りリボン レース飾り クリノリンが小型化しバッスルへ移行

コルセットは「健康型コルセット」とも呼ばれた。さらに後腰にはバッスルを付けると、アルファベットの「S字型」に見えるところから「Sライン・シルエット」と呼ばれた（図194・195・196）。このシルエットはアール・ヌーヴォーの「曲線主体」の美意識と一致して、19世紀末には大流行した。

１９００年にパリで開催された万国博覧会は「アール・ヌーヴォーの祭典」ともいわれ、世界中から集まった女性の服装は、この「Sライン・シルエット」一色であったという。

クリノリン・スタイルのスカートよりも縮小されたSライン・シルエットのスカートは、装飾も控えめで単純化された。シルエットは膝の辺りでは脚に沿うように細くなり、その下に小さい「曳き裾」を付けたデザインのものもあったが、これは「エビの尻尾」と呼ばれた（図197・198・199）。

19世紀末には女子の間でもスポーツが盛んになり、女子のスポーツウェアも現れる。１８９３年にはパリのバッファローで自転車競争が開催され（現在のツール・ド・フランセはこの流れ）、サイクリング熱が高まった（図200）。この他、クリケット・乗馬・テニス・海水浴・スケート・ゴルフなどが盛んになり、女子の間でもスポーツへの感心が高まった（図201・202・203）。

スポーツウェアから生まれたファッションに「ニッカー・ボッカーズ」がある。これは「分割されたスカート」という意味で、男性も女性もスポーツウェアとして愛用した（図200）。

男子服はこの時代に服装の「T・P・O」が、おおよそ決められてくる。即ち、礼装用・外出用・昼用・夜会用などの服装が決められた。基本的な組み合わせは、上衣・ジレ・パンタロンであったが、「アビ」と呼ばれた貴族服は「燕尾服」になり、公的な場所や劇場で着られた。形は前身頃が腰の辺りで水平にカットされ、後身頃に「燕尾」の垂れが付いた。

フラックは「モーニングコート（morningcoat）」と呼ばれるようになり、社交服として着用された。これには縞柄・格子柄のズボンを組み合わせた（鹿鳴館の舞踏会の男子服）。

スモーキングと呼ばれていた上衣は、「タキシード（tuxedo）」と呼ばれたが、これは略装で、後身頃に垂れがなく、軽快な感じであった。

外衣として着られていた「ルダンゴト」（図204）は、丈が腰下までの丈になり、前合わせはダブルが一般的になった。この他、旅行用に「インヴァネス・ケープ」という外衣があった。これは肩にケープの付いた形で、ウェストでベルトを締めるタイプであった。

19世紀末になると、スポーツが盛んになり、「ノーフォーク・ジャケット」、「ニッカーズ」というスポーツウェアが普及し始めた。ノーフォーク・ジャケットは軽快な感じの短めの上衣で、ニッカーズはダブダブの膝丈までのズボンであった。スポーツはゴルフをはじめ、サイクリング、狩猟、海水浴など様々なものを楽しんだが、頭には鳥打ち帽、中折れ帽、ソフト帽などが被られた。

図203　スケート服（1890年頃）ウール・タータン柄のプリーツ・スカート、コットン・ベルトのジャケット、ベルベットとウール・タータンの帽子、靴は黒革のブーツ、スケートは木製。

図201　テニス服（1890年頃）コットン・ピケのスリーピース・スーツ　麦わら製テニスハット　木製ラケット　キャンパス地のハーフ・ブーツ

図204　モード図版（1928年）左の19世紀流行のルダンゴト（大きい襟が特徴）は20世紀に入っても愛用された

図202　ゴルフスタイルの女性（1893年）水玉模様のブラウスと白麻のスカート　ゴルフクラブは木製　麦わら帽子　靴はキャンパス地のハーフ・ブーツ

〈V〉20世紀の衣服

〈1〉ヘレニズム時代（20世紀初期）

女子服は20世紀に入ると、アールヌーヴォーのような人工的シルエットは、すっかり姿を消し、代わって現れたのが「ヘレニックドレス（Hellenicdress）」というワンピースであった。

20世紀初期にはヘレニズム文化がもてはやされたが、ヘレニズムとは西方のギリシャ文化と、オリエント文化（東方のイスラム文化）が融合した文化で、19世紀初期の「新古典主義」時代から、一世紀を経て、再び「ギリシャ」が注目されるようになる（図205・206・207）。

20世紀初期に流行したヘレニック・ドレスは、古代ギリシャ彫刻が身に付けているドレスをイメージしたもので、女性の裸体の美しさ、自然な容姿の美しさを理想としたドレスであった。

ヘレニック・ドレスを最初に発表したのは、ポール・ポワレ（PaulPoiret／1879～1944年）で、服飾デザイナーの元祖といわれている。彼は「デザイン」という実態のない物、頭の中で考え出したイメージ的な物を商品として売り出す、いわゆる「デザイナー」という職業の生みの親でもある。それまでは、ある特定の人物のためにデザインを考えるのが一般的であった。前にも述べたようにマリー・アントワネットにはローズ・ベルタ夫人、ユージェニーにはフレデリック・ワースのように、

図 207　ヘレニック・ドレス（デザイン：ポール・ポアレ・1913 年）園遊会衣裳 長いホブル・スカート ベルト付きチュニック 白の長い手袋 柄の長いパラソル（20 世紀初期のトップ・ファッション）

図 208　モード図版（1914 年）ホブル・スカートが細くなり小股でしか歩けなくなり膝を縛って歩いた。ドレープ・ド・スカートには装飾的トレーン。

図 205　ポール・ポアレデザインのヘレニック・ドレス（1908 年／ポール・イリブの挿画）古代ギリシャのキトンをイメージしたデザイン 補助器具を使わず自然なシルエットを求めた

図 206　ヘレニック・ドレス（19 世紀初期）細身でハイウエストが特徴 裾に毛皮が付いている

高貴な人々には個人的に専属デザイナーが付いていた。

ポール・ポワレが初めて、着装する人を限定せず、デザインだけを商品として売り出すことを始めた。ここで、初めて「デザイナー」という職業が生まれたのである。

ポワレはアール・ヌーヴォーの不自然な人工的曲線の「Sライン」を一掃して、自然なシルエットを求めた。古代のキトンのように「細身」で「肩から足元にかけて自然にハングする」衣服を理想とした。これが「ヘレニックドレス」であった。数世紀の間、婦人服を支配してきた大げさな「人工的シルエット」に対する挑戦であるともいわれた。

このヘレニックドレスの流行と同時に、「補助器具」は全て排除され、新しく「ブラジャー」が「第二の下着革命」といわれて登場する。ブラジャーの発案者はポワレである。ここに、ルネサンス期以来のコルセットやペチコートという人工的シルエットを作り出す「補助器具」はすべて姿を消すことになる。


（※）現代女性に欠かせない下着は「パンティ」と「ブラジャー」である。19世紀初頭に「パンティ」が登場し、一世紀を経て20世紀初頭に「ブラジャー」が考案され第二の下着革命といわれた。ここに、現代の婦人用下着の基礎が整ったのである。

ヘレニックドレスは「細身」のデザインが特徴であったが、この細身という特徴がエスカレートして、1910年頃から、「ホブルスカート（hobbleskirt）」が現れる（図208）。「ホブル」は「足枷」という意味で、古代、奴隷が労働力の主体であった時代に、過酷な労働に耐えきれずに逃げ出す奴隷を縛り付けるために、脚に錘などを付けたものである。細身のヘレニックドレスは、裾幅が狭いのでうっかり足を出すと、転ぶか、ドレスが破れることになる。そこで、考え出されたのが、奴隷の足枷のように膝を縛るホブルスカートで、膝の辺りを縛って脚が開くのを防いだのであった。膝を縛ると歩幅が取れず、急ぐ時は両足を揃えて「兎跳び」をした方が早いという記事もある（現在では細身のタイトスカートは、後や横にスリットを入れて歩幅を確保している）。

このホブルスカートは1910年頃から第一次世界大戦頃まで流行する。

男子服は、20世紀初めに「エドワディアン」というファッションが現れた。これはイギリスのエドワード七世の取り巻きを中心とした若者の気取った風俗であった。

第一次世界大戦が始まると（1914年）、戦時服、軍装と呼ばれるファッションが現れる。上衣の色は灰緑系で、銃と鉄兜を持った風俗であった。

1925年頃には、パンタロンは細身から裾が拡がるシルエットに代わったが、オックスフォードの学生から始まった「オックスフォード・バッグス（Oxfordbags）」というダブダブズボンが現れた。これは裾幅が30センチもあるズボンであった。19世紀末からスポーツウェアとして着られたニッカーボッカーズとノーフォークジャケットの組み合わせは、引き続きスポーツ・ウェアや休日の普段着、旅行着として着られた。

正装としてはモーニングコートが「カッタウェイ・コート（utawaycoat）」と呼ばれて、正式礼服となり、結婚式、園遊会、競馬場などで着られた。この「cutaway」の名前は、前身頃の前裾から後に斜めに切り落とした形だったところからこう呼ばれた。

この他に「ディナージャケット」と呼ばれる上衣があり、アメリカでは「タキシード」と呼ばれたが、正式でない会合に着られた。日本では「夜会服」と呼んでいる。

クラヴァットと呼ばれたネクタイは、「ボウ・タイ」と呼び、結び下げる形となり、幅広のタイを結んで、重ねて垂らし「タイ・ピン」で留めた。タイ・ピンは真珠や宝石類で作られ、オシャレの見せ所にもなった。また、「アスコット・タイ」は引き続き人気があり、これは結んだときにスカーフのように見える幅広のものである。

〈2〉第一次・第二次世界大戦中

第一次世界大戦が始まると、戦争に駆り出された男性に代わって職業に就く女性が現れ、バスの車掌、看護婦など女性の社会進出も始まった。中には「婦人保持部隊将校」や「女兵士」も現れ、職業別の女性用のユニホームあった（図209）。

図211　1920年代ギャルソン風のファッション　女性らしさを棄てボーイッシュな服装を好んだ。

図209　婦人補助部隊の将校と副官（1914～18年）　戦時中の婦人服はダークな色合いで単純な形が流行。男性の職業を代行するため女性も制服を着ることが多くなる。

図212　1920年代　女性の特徴：胸の膨らみ、ウエストのくぼみを抑えた筒型のドレスが流行る。チューブライン・シルエットと呼ばれた。

図210　ショート・スカートのパーティ・ドレス（1928年）　伝統的なロング・ドレスを排してパーティ・ドレスにショート・スカートを採用。髪型：ボーイッシュマント、マント：毛皮のトリミング、ドレス：シュミーズ・ドレス。

この頃、女性の髪型も「ショートヘア」が流行し（図210）、女子が女性らしさを捨てた「ギャルソンヌ・スタイル」が流行する。

ギャルソンヌは「男のような」とか、「おとこおんな」、「少年風」などといわれ、女らしさを否定したファッションである。具体的には、「ワイシャツ、蝶ネクタイ、短髪にポマードを塗り、タキシードの上衣、膝丈のショート・スカート、釣り鐘型の帽子、踵の低い靴、ブレスレットに長いシガレットをくわえる」といういで立ちの若い女性達が現れた（図211）。

また、この頃、「チューブライン・シルエット」という筒型のシルエットが流行る。これはウェストが正常な位置より低い「ローウェスト」で、ヒップの辺りまでウェストを下げたものもあった。成熟した女性の胸の膨らみ、ウェストのくびれなどを否定したスタイルで「おとこおんな」などと呼ばれたが、日本の大正時代に流行った「モガ」「モボ」といわれたのは、このようなファッションである（図212）。

１９２０年代になると、スカート丈は脚を見せることが一般的になり、脚の美しさをみせることが、モードの焦点となる。しかし一九三〇年代に入ると、この傾向は下火になり、スカート丈も長めになり、ウェストも正常な位置に戻って女性らしさが復活した。

大戦中は物資の不足から、布の使用量の節約が強いられたため、なるべく少ない布地で衣服を作ることが求められた。このようなファッションを「スキンピー・ルック（Skimpylook）」（日本ではケチケチルック）と呼んだが、細身でスカート丈も短く、気軽なファッションであった（図212）。

日本でも、大正時代のポスターを見ると、このファッションの女性が多く描かれている。

二つの世界大戦により階級制度も崩壊し、人々の美意識も大きく変わった。ファッションも上流階級から庶民へという流れではなく、庶民がファッションリーダーになる時代が訪れたのである。

〈3〉第二次世界大戦以降

「戦後はオートクチュールの時代」といわれるように、多くのファッションデザイナーたちが、個性溢れるユニークなファッションを生み出すようになった。

オートクチュール（Haute-couture）の「オート」とは高いという意味で、「クチュール」は裁縫仕立てという意味である。一般には「高級仕立ての一点物の衣裳」を指す。

戦後、1947年にクリスチャン・ディオール（ChristianDio）が発表した第一回コレクションは「ニュールック」と名付けられて、当時、大きな話題になった。このデザインはスカートにたっぷり布地を使ったもので、一着のドレスに「80ヤード」の布を使用したという（図213・214）。

戦時中、物資の不足から「スキンピールック（ケチケチルック）」といわれ、出来るだけ少ない布で衣服を作ることを強いられた経験から、ニュールックを見た人達は、「しみじみ戦争が終わったこと

図 215　ディオールデザインのマグネット・ライン（1953 年）馬蹄型の磁石のシルエット 肩や腰に丸味を持たせ全体にU字型のカーブを出す

図 213　ディオールの第 1 回コレクションのリハーサル風景（1947 年）　ディオール本人の両脇にいるのはマダム・レイモンドとマダム・マルグリット。

図 216　ディオールデザインのH・ライン（1954 年秋）ウエストをゆるく絞ったシルエットがH字の形を表している

図 214　ディオールデザインのニュールック（1948 年）目立つウエスト、たっぷりのプリーツ、スカートには 80 ヤードの布地を使用。大戦間のミリタリー・ルックなど男性化した女性服にエレガンスが復活。

を実感した」といわれている。

これは戦時中、女性の服装が男性化していたのを、女性のエレガンスの復権を望んだファッションでもあったが、19世紀のファッションのように、衣服にヒラヒラした飾りを付けて女性らしさを強調するのではなく、自然な女性らしさを強調したものであった。

その後もディオールはシルエットを重視したコレクションを次々に発表した。

ディオールの作品は、アルファベットの大文字をイメージしたデザインが多く、緩やかにウェストを絞った「Hライン」（図216）、肩幅を狭く、裾に向かって緩やかに拡がる「Aライン」、肩幅を広くし、裾を絞った「Yライン」などと呼ばれた。さらに様々な物をイメージさせるシルエットとして「マグネットライン」（図215）、「アロウライン」、「チューリップライン」などを発表したが、１９５７年に死去した。

ディオールのオートクチュールの店を引き継いだのはピエール・カルダン（PierreCardin）であった。カルダンは「女らしさ」を強調したシルエットで評判になった（図217）。

オートクチュールが特徴とした一点物の排他性は、やがて一般人に敬遠されるようになり、幅広い顧客の要求に応じることを目標にした「プレタポルテ（prêt-à-porter）」が生まれる。プレタポルテは「直ぐに着られるように準備された」という意味で、「高級既製服」を意味した。

プレタポルテは前年、オートクチュールとして発表された作品を一般向きに着やすいように手を加

図 219　イヴ・サンローランのプラスティック製ミニコート（1966年）　新しい素材が次々に開発された。

図 217　ピエール・カルダン（1962 年）　ゆるやかに身体の線に沿うシルエット。カルダンは女性らしさを表現することを目指した。

図 220　アメリカの新進デザイナー・ルディ・ガーンリックのデザイン（1967 年）シースルー・ルックは新しく開発されたナイロンを使用し日本ではスケスケルックと呼ばれた

図 218　ミニルック（1960 年代）イギリスのメアリー・クアントが発表した膝上 10cm、20cm などが服飾革命と言われた。日本でも昭和 40 年代初めに流行。

えたもので、元来、オートクチュールの副業的な存在であった。

戦後のファッションにセンセーションを巻き起こしたのは、1960年代に英国のメアリー・クラント（MaryQuant）が発表したスカート丈が膝上までの「ミニ」であった（図218）。イギリスのツイッギー（Twiggy／小枝）という折れそうな細身のモデルが、このミニスカートを穿いて一大センセーションを巻き起こした。イギリス経済に貢献したということで、イギリス女王から表彰されたというニュースもあった。このミニスカートには、膝までのロングブーツとカラー・ストッキングが組み合わされた。1964年頃には、ミニ・スカートは国際的大流行となり、日本でも中年女性までミニ・スカートを穿いた。

また、1960年代には新素材が開発され「ビニールのドレス」（図219）や、「ナイロンのブラウス」が登場した。透けるナイロンを使ったファッションは「シースルー・ルック」と呼ばれ、日本では「透け透けルック」と呼ばれて流行した（図220）。

ビニールの素材は雨具に大いに貢献した。この他にも1960年代はファッション界に次々と新しいデザインが登場した。

この頃、アメリカのアポロ計画が進み、1969年にはアポロ11号が月面着陸に成功して、世界中が感動したが、宇宙飛行士の飛行服にヒントを得た「宇宙ルック」というものも現れた。「ジャンプスーツ」と呼ばれたもので、いわゆる作業服の「つなぎ」である（図221）。日本でも「つなぎ」を

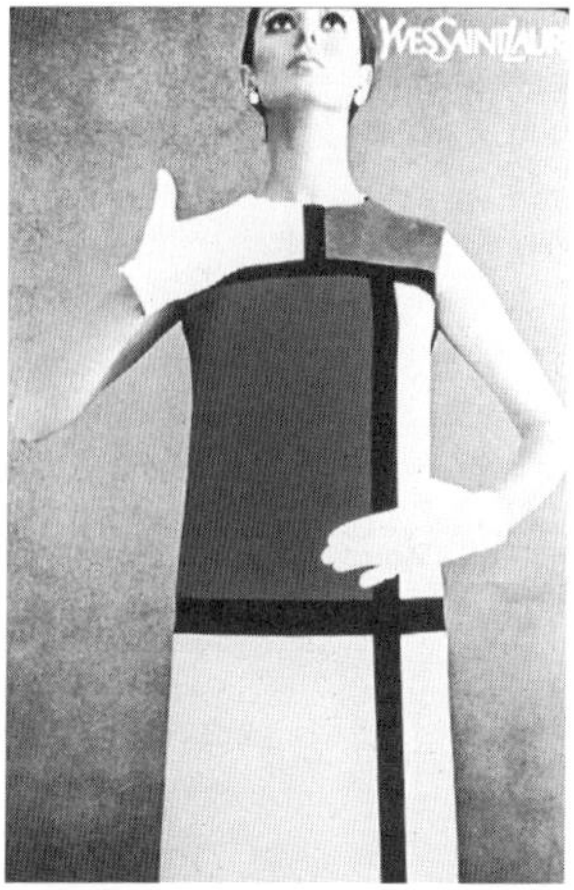

図 223　イヴ・サンローランのモンドリアン・ルック（1966 年）抽象画家モンドリアンの画面構成を取り入れたデザイン。

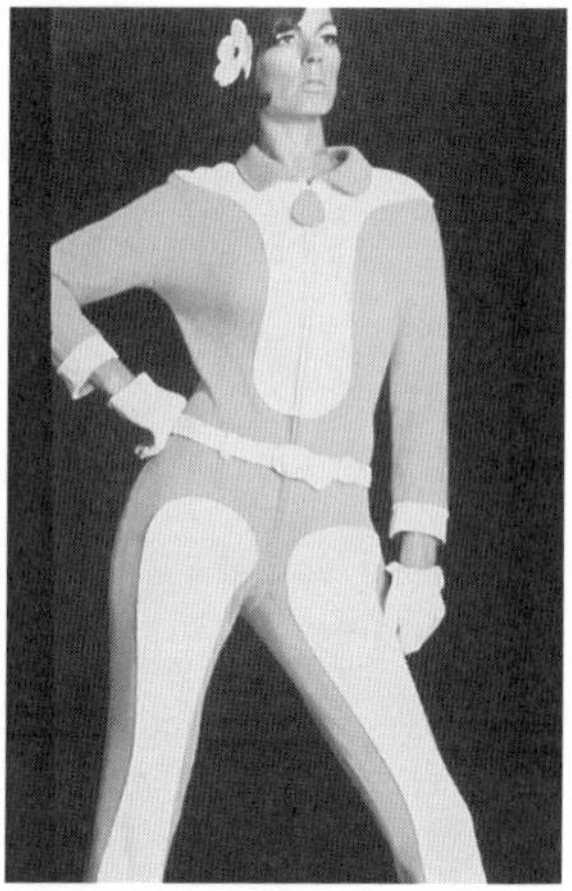

図 221　アンドレ・クレージュのデザイン（1967 年）　ジャンプ・スーツ　宇宙飛行士の月面着陸からヒントを得てデザインされた。

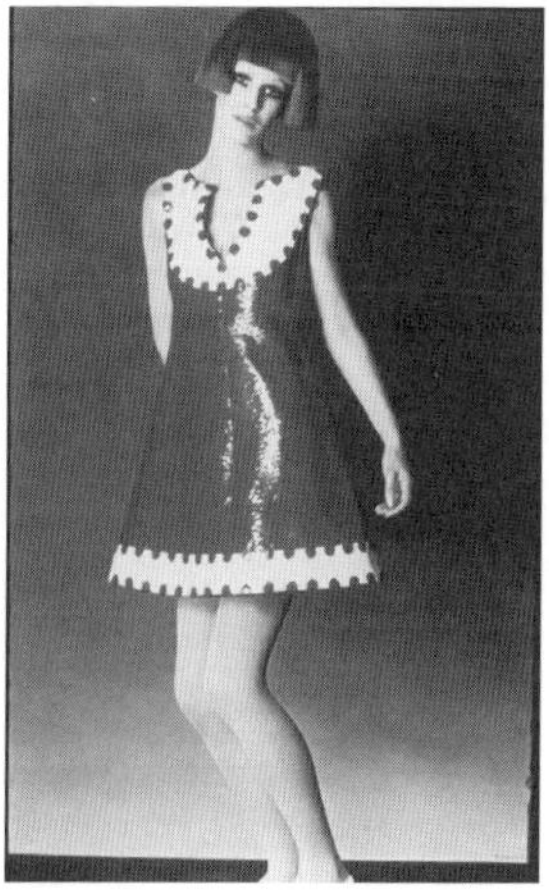

図 224　アンドレ・クレージュ（1969 年）　パイレット（ピカピカ光る金属片やガラス）でヨークと裾を装飾したカクテル・ドレス。カラフルなかつらも流行した。

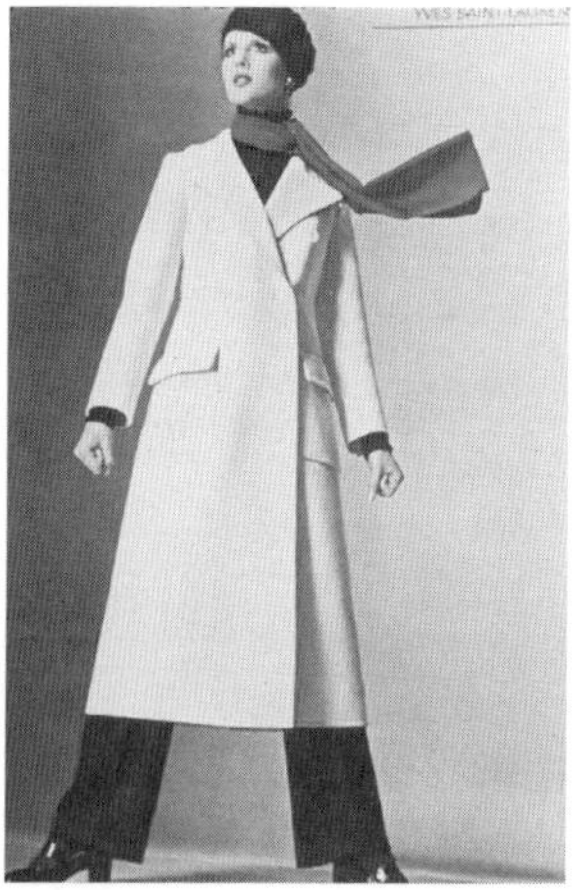

図 222　イヴ・サンローランデザインのパンタロンとルダンゴトのアンサンブル（1969 年）　パンタロンは従来のスポーティな観念から女性の新しいエレガンスを見せる地位に昇格。

着る女性が増えて、トイレの心配が話題になった。

また、60年代にはイヴ・サン・ローラン（YvesSaintLaurent）も、盛んに「パンツルック」をオートクチュールで発表した。女性のズボンはルネサンス期にメディチ家のカトリーヌ・メディチが乗馬用に着用したとも言われているが、19世紀末、スポーツ用として愛用された「ニッカー・ボッカーズ」を女性も自転車に乗る際に穿いていた。

女性の外出着としてのズボンスタイルを正式な衣服として認めさせたのは、イヴ・サン・ローランであった。しかし、発表した「パンツルック」は左右の脚が分かれてはいたが裾広がりで「ロングスカート」のように見えるが、歩くと両足に分かれていることがわかるという、宝塚の男役の衣裳のような優雅なものであった（図222）。

また、イヴ・サン・ローランはスペインの画家「モンドリアン」の絵からヒントを得て「モンドリアンルック」というユニークな分割模様の衣服を発表して話題になった（図223）。

ルネサンス期から始まって、19世紀まで、度々流行したり消えたりを繰り返した「人工的シルエット」は、20世紀に入ると同時に姿を消したが、１９８０年代以降、芯地や裏地を用いてシルエットを補正することが行われるようになった。

その後、女性の社会進出にともない「肩パッド時代」といわれる、肩幅を広くした男子服のシルエットを真似たファッションが流行した。

まとめ

我々の身の回りにある「形ある物」は、大きく分けて「生活造形」と「表現造形」に分けられる。「生活造形」はなんらかの「機能」を持っていて、我々の生活にとって「便利な物」で、「生活用品」と言える。つまり、見た目よりも「使いやすさ」が問われる。「表現造形」は特別な「機能」を持たず、鑑賞することによって、精神的に心を豊かにするものである。従って「表現造形」には、決まった用途は求められず、「美しさ」だけが問われる。

先にも述べたように「服飾造形」は「用途や機能」があるので、当然、「生活造形の分野」に属するものである。しかも、他の「生活造形」は「機能」が一つであるのに対して、「服飾造形」は「機能」が多種である。それらの「機能」をすべて満たすことは困難である。しかし、多数の「機能」の中でも、重要な位置を占めるのは「美しさ」である。その「美しさ」を決めるものは何であるか？この課題は非常に複雑で、解明は困難である。

古代から現代まで、人々は自分たちの「美意識」に従って「衣服」を着用してきた。彼等の美意識はどのように生まれたかを探ってみた。

図 225　細かくプリーツを取ったカラシリスを着た女性像

図 226　バレンティニアヌス２世（390年頃・図 72 参照）

古代から現代までのファッションの歴史と美意識の関わりを、時代ごとに述べてきたが、各時代の「美意識」が「衣服」に反映して「流行」を生み出してきた事実が、理解できたと思う。

古代は資料が少ないこともあり、文明も現代と比べると非常に簡素であったので、「美意識」と呼べるものを探すのは難しい。しかし、古代人が美意識を意識せず、「身体保護」だけの目的で衣服を着装したとは、考えられない。

人間はいつの時代でも、精神的に信仰に近い物を持っていた。それは一種の憧れともいえる物で、無条件に崇拝し、それに近づくことを願っていた。

古代エジプトでは「太陽神」を崇拝した。太陽から注がれる光線は地球のあらゆる場所に平等に注がれる。その光線は真っ直ぐに平等に地球に降り注ぐ。この現象を、古代の人々は憧れを持ってながめたと思われる。

その光線を衣服に再現して、身に纏うことによって、神に保護されていると考えたことは、容易に理解できる。光線は平行に地上に届くところから、細かい「直線の襞」を取った布を身に付けた。彼らの美意識は「平行線」であったと考えられる（図225）。

つまり、古代エジプトの衣服は「信仰性」を持って着られたのである。太陽光線を布に再現した衣服を着ることによって、自分の身体が「太陽神」によって守られていると感じたのである。

古代ギリシャでは、「裸体賛美」の観念から、衣服は人体をより美しく見せたいという意識の元に衣服を着用した。エジプトの「信仰性」という美意識とは異なり、ある種の「芸術性」を求めたのである。同じ「襞の美」を求めたが、ギリシャの襞は「芸術性」を追求していた。

ローマ時代は身分制度が厳しい社会であったので、衣服の着装法にも身分によって厳しい規制が敷かれていた。襞の表現も身分によって、表し方が定められていた。つまり、ローマの衣服は「身分制度＝社会制」によって着装法が決められていた（図226）。

同じ古代の衣服でも、世相によって美意識が異なり、襞の表現も異なった。エジプトは「宗教性」、ギリシャは「芸術性」、ローマは「社会制」という目的を持って、着装したのである。

中世は別名「キリスト教時代」と呼ばれるように、キリスト教が世相の中心であった。

当時「五大芸術」と呼ばれた「建築・彫刻・絵画・音楽・文学」と呼ばれた物は、すべて人間が楽しむ物ではなく、「神に捧げる物」と考えられた。

建築は神を祀る「教会」であり、彫刻はキリストやマリア様の像、絵画は、キリストにまつわる「宗教画」、「音楽」は教会で奏でられる「賛美歌」、文学は「キリストの生涯」などであった。

従って、美意識も「神中心」であった。神の存在は目に見えないが「天にまします」と考えられていた。つまり、手の届かない無限に高いところに「神」は存在すると考えた。

中世に建てられた教会の「尖塔」は、無限に伸びて天にまします神に届くものと考えられた。この考えのもとに、教会などの宗教建築には、必ず尖塔が作られた。この考えは「美意識」にも取り入れられ、尖った物は全て美しいと考えた。その代表的な建築は、ノートルダム寺院である。

私の恩師である谷田悦次先生は「時代の様式美」ということをよく言われたが、中世の宗教建築の尖塔は、まさしく「時代の様式美」であり、その時代の「美意識」であると解釈できると思う。

長い歴史の中で「時代の美意識」が、造形に最も顕著に現れたのは、中世末期のゴシック時代であったと考えられる。

ゴシック時代には、身の回りの物にも、尖った形が取り入れられた。イギリスのアルバート美術館には、つま先の尖った「プーレーヌ」というつま先が30センチもある布製の靴が残っている。この長い靴は先端に紐を付けて、その紐を腰に結びつけて歩いたという。

帽子にも「エナン帽」といって、頭頂が2メートルにも及ぶ「とんがり帽子」があったという（図227）。

近世に入ると美意識は、「均衡の美」を求めるようになる。均衡の美は、言い換えれば「安定の美」である。安定している状態、釣り合いが取れている物は美しいという考えである。大きい物の上に小さい物が乗っていれば、安定していて美しいと考えた。そこで、衣服は上半身を小さく、下半身を大きくというシルエットが考え出された（図228）。

人間のシルエットは抽象的に捉えれば、縦長の円柱の様な形であるから、「上を小さく、下を大きく」という安定の美を表現するには、人体のシルエットを「補助器具」によって、変化させる必要がある。

そこで、ルネサンス期以降、ドレスの下に様々な「補助器具」を付けることによって、時代の美意識を表現した。

西洋の衣服の変遷は、まさに「シルエットの変化の歴史」といえるのである。

ルネサンス期には、また、「美の基準」として「黄金比」、「黄金分割」という数値を考え出した。この「数値」の出所は、はっきりしないが、一説には、ピラミッドから生まれたともいう。数値で表すと「1：61……」という割合であるという。

ルネサンス期には、「ウェストラインは身長を黄金分割にした位置にする」という考えが生まれた。

図 229　ルイ 14 世（17 世紀後半・リゴー画・図 120 参照）

図 227　エナン帽（1450 年頃・図 87 参照）

図 230　マリー・アントワネット 白サテンの宮廷衣裳はパニエで広がったローブ 正装用マントは曳き裾 ヘアスタイルが大げさになる

図 228　（ルネサンス期）円錐形シルエット 扇形襞衿はフランスで考案された 袖口は大げさなパフ イタリア製レースのハンカチ

たとえば、身長160センチの人のウェストラインの位置は、頭頂から60センチほどである。現代でも個人差はあるが、これは黄金分割の数値に近いことに驚く。

美意識を左右する物が何であるかは、様々な要因が考えられる。例えば、当時の支配者の好みであったり、当時の社会的ヒーローであったり、社会情勢であったり「前世紀の反省＝飽き」であったりと、様々なきっかけが考えられる。

17世紀は「バロック時代」と呼ばれているが、この時期の美意識は「荘重華麗」を理想とした。当時のフランス王・ルイ14世は絶大な勢力を持ち、ヨーロッパ全土に勢力を広げて支配下に置いた。この王は「儀式ばったこと」が好きで。起床の際は「起床の儀式」、食事の際は「食事の儀式」、寝るときは「就寝の儀式」をおこなったという、「儀式好き」の王であった（図229）。

この王が「荘重華麗」なことが好きであったところから、美意識も「荘重華麗な重々しい」ものが美しいとされた。

ルイ14世の好みを受けて、美意識も「荘重華麗」を目指して、ファッションも、あちこちに飾りを付けることが流行した。

バロックという語は、先にも述べたように「歪んだ真珠」という意味で、宝石商が売り物にならない「形の悪い真珠」を、はじき出して「バロック」と呼んだという。「基準を逸脱したもの」「正規から外れた物」「はじき出されたもの」という意味であるという。バロック時代は、基準に合わない物の中に、美を発見しようとしたのである。

これが成功すれば、高度な美意識といえるが、ファッションの歴史中では、「バロック様式」は「飾りすぎ」で、最も「恥ずかしい服装」とも言われている。

18世紀はロココ時代と呼ばれるが、この時代の美意識は、前時代の反動から「繊細優美」を美の基準とした。具体的には「曲線主体」ともいわれている。

元来、ロココという意味は「貝殻を薄く削いで用いる繊細な貝殻細工」を意味だという。具体的には「柔らかい曲線」を主体にした造形を目指したといえる。「柔らかい曲線」を美の基準にしたきっかけは、バロック時代の反動も一つの要因と考えられるが「王位継承」も関わっていた。

太陽王とよばれて、絶対的権力を握っていたルイ14世が逝去したとき、後を継ぐべき15世は、未だ5歳だった。そこで、ルイ14世の弟・オルレアン公が摂政として、政治を司る事になる。ルイ15世が13歳で成人式を迎えるまでの8年間を「レジャンス時代＝摂政時代」と呼ぶ。

正式の王ではないので、宮廷の雰囲気もゆるくなり、文化の中心も、宮殿から貴族の「私邸」に移った。そこでは、いままでの「儀式ばった堅苦しさ」から解放されて、気楽な雰囲気が生まれることになる。

このような雰囲気の中では「美の基準」「美意識」も、「繊細優美」な柔らかい雰囲気に美を感じるようになった（図230）。ロココ時代の造形は「曲線主体」が特徴と言われている。ベルサイユ宮殿に残る「ルイ16世の間」の家具の脚は「猫脚」であるという。

18世紀の「繊細優美」を理想とする美意識は、一世紀を経て、19世紀末には「アール・ヌーヴォー様式」に取り入れられる。

19世紀初期を「新古典主義時代」と呼ぶ。当時の造形は「ア・ラ・グレーグ（古代ギリシャ風）」と呼ばれた。美意識は「古代ギリシャ風」がもてはやされ、衣服だけでなく、家具調度にいたるまで、古代ギリシャ風が流行した。

当時、紀元前79年に噴火を起こし、古代都市ポンペイを灰で埋め尽くしたベスビオ火山の発掘調査が進められていた。噴火によって埋没した古代都市の様子が、発掘調査によって明らかになっていくのは、当時の人々にとっては驚きであった。

（私は21世紀になって、テレビで当時の発掘の様子を見たことがあるが、石段にうつ伏せになったまま、息耐えた人が何百年もそのままの姿勢で残っていて、手の指も五本揃って、灰の下から出て来たことに驚いた経験がある。）

古代文化に触れた当時の人々は、「古代ギリシャ風」に非常な憧れを抱き、家具調度にまで、「ギリシャ風」を取り入れるようになる。

図 233　鹿鳴館の舞踏会（図 188 参照）

図 231　ロマンティック時代初期のモード図版（図 176 参照）

図 234　ポール・ポアレがデザインしたヘレニック・ドレス（1908 年・図 205 参照）

図 232　クリノリンシルエットのドレス（モード図版・1863 年 2 月）スカートの装飾が派手になる 衿はデコルテ 袖はパフ・スリーヴ

1802年に画かれた「レカミエ夫人の肖像」という絵には、ギリシャ風のドレスを着た女性が画かれているが、背後に「ギリシャ神殿風の円柱」が画かれている。

衣服だけでなく、当時の造形のあらゆる分野に、ギリシャ風という美意識が取り入れられていたことがわかる。

19世紀半ばを「浪漫主義時代（ロマンチック時代）」と呼ぶ。この時期になると、生々し革命の経験も薄れ、また、ナポレオンの帝政から久し振りに、ブルボン家の王政が復活した事もあって、人々はロマンチックな雰囲気に浸っていた。

美意識はロココを通り越して、ルネサンス期の美意識を取り戻し、15世紀、16世紀のファッションに憧れを持った。日本に初めて輸入された西洋の「青い目をしたフランス人形」のような、ロマンチックな服装が流行するようになる（図231）。

19世紀の後半は「リアリズム時代（現実主義時代）」とよばれるが、「産業革命」によって、世の中も機械化が進み、世相も著しく変化する。ファッション界では「ミシンの発明」があり、衣服は、手縫いの600倍の速さで仕立てられるようになる。

ファッション界は、再び大袈裟な補助器具「クリノリン」を用いたシルエットが流行する。クリンとは「馬の尻尾の毛」で、これを布に織り込むと「張り」のある生地ができるので、これでペチコートを作った。これまでのように布に「輪骨」を付けた器具ではなく、手軽に「ペチコート」が生産されたので、このペチコートを用いたファッションは庶民階級にまで広がった（図232）。

イギリスでは、ガラス工場で働く女工がこのクリノリンスタイルで作業をしていて、裾でガラス製品を引っかけて壊した弁償金が２００ポンドであったという。美意識よりも「流行」の影響力の大きさや恐ろしさを示している。

19世紀も後半になると「バッスルシルエット」が流行する。ペチコートの前半分をカットして、後ろ部分だけを誇張したスタイルである。後ろ腰を突き出したシルエットは「ホッテントット」のようだと酷評されたが、日本に初めて入ってきた「ドレス」はこのシルエットであった。鹿鳴館の舞踏会で踊る日本の貴婦人達は、このバッスルスタイルのドレスを着ていた（図233）。

因みに西洋の衣服文化が日本にもたらされた最初は、戦国時代であった。オランダとの貿易によって初めて南蛮文化が日本に上陸した。しかし、この際は衣服の一部分であった。日本の衣服は今でも、裁断方法は「直線裁ち」である。ポルトガルの「曲線裁ち」の衣文化は、当時の日本人には非常に珍しいものであった。フルサイズで模倣するには勇気がなかったのか、衣服の一部を取り入れた。それがルネサンス期に西欧で流行していた「襞襟」であった。当時、画かれた「南蛮屏風」には、和服の長襦袢に「襞襟」を付けた人物が画かれている。

また、当時の支配者達、信長や秀吉、家康などが使用した「襞襟」も現存する。

その他にも、「直線裁ち」しかなかった和服文化に「曲線」を取り入れた例がある。これも部分的ではあるが「陣羽」の裾割れ（スリット）に曲線を取り入れた例が残っている。秀吉が用いたという陣羽織は裾のスリットが曲線に裁断されている。

このように部分的に、取り入れた例は残っているが、定着はしなかった。

日本が西洋衣服をフルサイズで取り入れたのが「鹿鳴館ファッション」であった。西洋文化を支配者達が積極的に取り入れ、貴顕紳士・淑女が西洋ファッションを率先して取り入れ、着用した美意識に、激しい世相の変化を感じる。

西洋では19世紀末の美意識は「アール・ヌーヴォー」スタイルであった。これは「曲線主体」のロココ様式の復活のようであったが、柔らかい曲線主体の美意識が当時の人々を刺激したようである。

１９００年にパリで開かれた万国博覧会は俗に「アール・ヌーヴォーの祭典」ともいわれ、展示物はもとより、世界中から集まった女性のファッションは、アール・ヌーヴォースタイル一色であったという。

20世紀に入ると、一世紀を経て、再び「古代ギリシャ」への憧れが復活する。

それは「ヘレニック・ドレス」と呼ばれて、古代ギリシャのキトンのように、肩から自然にハングする自然なシルエットのドレスであった（図234）。これは、19世紀の人工的なシルエットに対する反動で、一切の補助器具を廃し、シルエットは自然な「細身」であったが、この「細身の美意識」がエスカレートして、スカート幅が極端に細くなり、うっかり脚を広げると、ドレスが破れる心配があったため、膝の辺りを縛るようになった。このスタイルのドレスは「ホブルスカート」と呼んだ。ホブルとは、古代、奴隷を使っていた時代に、過酷な労働から奴隷が逃げ出すのを防ぐためにつけた「足枷＝あしかせ」の意である。（図208）

20世紀は、世界的な大戦が起ったりしたが、人類の文化は飛躍的に発展して、世相は著しく変化する。戦後のファッション界の話題は、やはり「オートクチュール」の誕生と思われる。毎年の「オートクチュール」の作品がファッション界の話題にはなるが、一般庶民の流行は、やはり世相に左右されることが多いと思われる。

20世紀の新しいファッションは、新素材による「スケスクルック」（図220）、宇宙飛行士の月面着陸の話題からの「つなぎ」、女性の「パンツルック」、爆発的に流行した「ミニスカート」など、やはりファッションは世相に左右される事が多い。

そこに「美意識」が拘わったかどうかは、判断し難いとが思われるが、世相が拘わっていたことは明らかである。

補　「ニューヨークで実感した民族による美意識の違い」

【マイナス20度の体験】

長い人生の中でほんの三年足らずではあるが、ニューヨクに住んだ経験がある。別に外国生活に憧れていたわけではなく、主人がニューヨーク勤務になったので、やむを得ず、子供三人を連れて移住した。

昭和49年から三年足らず、ニューヨーク州のホワイトストンというところに住んだ。位置的には東海岸の北の辺りで、アメリカ人には「ロングアイランドに住んでいる」というと、よく通じた。海にも近く静かな海岸には、天然記念物（?）の「かぶと蟹」が沢山泳いでいた。私は「カブトガニの実物」は、初めて目にした。

主人は私たちより半年ほど先に渡米していたので、私は10月に子供三人を連れて初めて外国の地を踏んだ。

アメリカには10月の第二月曜日に「コロンブスデー」という祭日があり、学校も会社もお休みになる。そこで、コロンブスデーに近郊の大きなショッピングセンターに、家族全員で出かけた。

当時、日本には（西宮には）、ダイエーとかイズミヤという百貨店並の大きい店はあったが、「ショッピングセンター」という広い施設は見かけなかったので、100台以上も駐車できるような、広くて賑やかな施設にはビックリした。

一番のお目当ては「家族全員の冬のコート」であった。関西では主に西宮暮らしだったので、冬の寒さはそれほどでもなかった。冬に氷が張ることも稀であったし、雪が降り積もるということもめったになかったので、「完全防備」「完全防寒」のコートは必要なかった。そこで、家族全員の「防寒用のコート」を買い求めることにした。

海外での初めての大きな衣服の買い物なので、私は特に慎重に選ぶことにした。

ここで、私が専門にしてきた「服飾美学のうんちく？」を傾けると、私たちの身の回りにある「全ての形ある物」は「表現造形」と「生活造形」との二つの分野に分類できる。

表現造形の「用途」、即ち表現造形に求められることは、「美」ということだけである。しかし、生活造形に求められるのは、「機能性と表現性（美しさ）」であり、機能性が充分ならば、その上で「美しさ」が求められる。生活造形は表現造形に比べて、それだけ複雑であるが、生活造形の中でも「衣服」は特にややこしいものである。生活造形には「用途と美の兼ね合い」が必要である。つまり、衣服を選ぶときに、機能性と表現性のどちらを優先させるかということである。

「衣服」は勿論「生活造形」であるから「機能性」が重要であることは当然である。衣服の最も重要な機能は「身体保護」である。一口に「身体保護」といっても、いろいろある。「防寒」「防暑」「防傷」は思い付くが、昨今、新型コロナのウィルスを防ぐ機能が医療用衣服には求められる。衣服を選ぶ場合には、この機能を最優先しなければならない。しかし、寒さに対して、身体保護の機能を全うするために、暖かければデザインも色も模様も素材も考えなくて良いという物ではない。

「生活造形」の中でも「服飾造形」は最も複雑な分野である。ともすると、「生活造形」でありながら、「機能性」よりも「表現性」を優先させることがある。

即ち、衣服を選ぶ場合、機能性と美しさの兼ね合いについては、悩むところである。

こんな例を講義の中で、学生達に話したことがある。秋から冬に移るとき、寒くなってきたので、カーディガンを買おうと思って店に出かけたとする。糸が太くて、厚手で暖かそうなものと、糸も細く、透かし編みであまり保温性はなさそうだが、「きれいで、優雅なカーディガン」があったとする。この場合、機能性だけで買う人もいるが、「きれいだから……優雅だから……下着を厚手にすればよい……」という理由で、薄手のレース編みを選んでしまうという経験はないかと問うと、半数以上の学生は「きれいで、優雅な方を選ぶこともある」と答えた。

私は元来「きれいな物」に憧れるタイプなので、「機能性」よりも「表現性」を優先させることが多い。つまり「素材」よりも「デザイン」で選んでしまう。

この観念を踏まえて観察すると、アメリカ人はどうも「見た目」で選ぶ傾向が強いように思う。具体的にいうと、靴や鞄などの革製品に関して、アメリカ人は「本革」と「合成皮革」にこだわらない。だから商品の「価格」は「本革」でも、「ビニール製（合成皮革）」でも、大差がないのである。つまり、素材が「本革」でも「ビニール」でも、値段に差がないのである。

（これは後で述べるバイセンテニアルの日本人観光客の行動に付いての『ニューヨークタイムズ』の記事に関連する）

そこで、私が選んだ「防寒コート」は、フード付き、色は明るいグレーで、デザインはベルト付き、シルエットはプリンセスラインの裾広がりという優雅なコートだった。

つまり、私は機能性よりも「見た目」が素敵な「冬のコート」を選んだ。値段に差がないなら「デザインが素敵な方」を選ぶのが当然と思ったのである。「本革」か「合成皮革」かはまったく気にせず、見た目が素敵なデザインを選んだのである。

とても気に入って着用していたが、ある日、このコートを着て、ご機嫌でマンハッタンへ出かけた。その日は気温がマイナス20度であった。人生で初めて経験する「マイナスの気温」には、さすがにビックリした。それまでマイナス気温を経験したことがなかったので、私はずっと「マイナス零度」も「マイナス20度」も同じだと思っていた。しかし、この日、これを身をもって体験することになった。

マンハッタンをご機嫌で歩いているうちに、自慢のコートが「ゴワゴワ」としてきて、プリンセスラインのスカートが広がったまま、すぼまらず、裾にフラフープを付けて歩いているような格好になった。

つまり、私のお気に入りのコートは「合成皮革製」だったのである。動物の皮なら、寒さに応じられるが、合成皮革、いわゆる、「ビニール製」では、マイナスの温度には耐えられないということだったのである。

余談だが、ニューヨーク生活が長い日本人から聞いた話では、「冬にマンハッタンに買い物に行ったら、買う物がなくても、二、三軒おきに大きい店に入って身体を温めなければいけない」。さらには、ティファニーのお店はトイレがきれいなので、「必ず、ティファニーの店に入って、体温を温める」と教えられたことがある。

マイナス20度というのは、人工皮革では太刀打ち出来ないほどの寒さということを、初めて認識したのである。

【バイセンテニアル（Bicentennial／独立二百年祭）】

「バイセンテニアル」という言葉は、ニユーヨークで初めて耳にした。「アメリカ独立２００年祭」のことである。

１７７６年７月４日は、アメリカがイギリスの支配から独立することを宣言した日で、７月４

日（Juryforth）はアメリカ人にとって、最も重要な記念日である。しかも、私達が滞在していた1976年は、独立からちょうど200年目に当たるということで、アメリカ全土がお祭り気分で沸き立っていた。ニューヨークのハドソン河では、世界各国から「帆船」があつまって「帆船パレード」が開催された。パレードには、はるばる日本から日本丸が参加するということで話題になっていた。「初代日本丸」は1930年に作られた四檣《しょう》（檣＝帆柱）の美しい帆船で、帆を掲げたときの美しさは「海の貴婦人」、「太平洋の白鳥」などと呼ばれていた。

しかし、当日はあいにくハドソン河の上空の風向きが悪く、日本丸は自慢の帆が上げられず、勇姿は披露出来なかった。私達は、幸い主人の取引先の会社のビルがハドソン川の沿岸にあったので、特等席で観ることができた。

この帆船パレードを見物するため、世界中から多くの観光客がニューヨークを訪れていたが、その様子を報道するニューヨークの新聞に面白い記事が載って話題になった。それは、

「五番街やデパートで、土産物のバッグや財布を選んでいる観光客の中で、商品に鼻を付けて匂いを嗅いでいるのは日本人だ」

という揶揄的な報道であった。

これは、先にも述べた「日本人の国民性」というか、「本物志向の美意識」の現れで、アメリカ人にとっては、異様な光景だったようだ。

1976年というと、日本でもまだ、海外旅行は珍しいことで、一部の金持ちの特権であった。当然、帰国後の土産物には気を遣わなければならなかった。日本ではいくら見た目がきれいでも、バッグや財布は「本革製」でなくてはならない。

しかし、アメリカではビニール製でも、本革製でもまったく見かけは同じで、しかも値段も殆ど変わらない。そこで、日本人の観光客は、匂いを嗅いで、「本革製」を選んでいたのである。

見た目が同じなら、本革でも合成皮革でも、気にしない国民性と、あくまでも「材質」にこだわる日本人の「本物志向」を求める光景は、アメリカ人には珍しかったのであろう。

国民性というか、美意識の違いというか……アメリカ人は機能を充分果たしていて、見た目が「美しければ良い」と言うのに対して、日本人は見た目よりも、むしろ「材質」を重要視して選ぶ傾向があった。

ニューヨークで体験した「民族による美意識の相違」について、体験したことを書いてみました。

■著者紹介

廣瀬尚美（ひろせ なおみ）

1958年 お茶の水女子大学家政学部被服学科卒業、1959年同学部被服学専攻科修了

1982～92年　武庫川女子大学勤務

1992～99年　東京都立短期大学勤務

2000～06年　茨城大学非常勤講師

2007～10年　聖徳大学オープンアカデミー講師

2013～15年　淑徳大学池袋サテライト・キャンパス講師

主な著作　『イギリス服飾史を探求する』（翻訳・1988年）、『ヴィジュアル百科 江戸事情 第6巻 服飾編』（共著・1994年）、『廣瀬資料館図録』（1999年）、『服飾文化史ガイドブック』（2017年）、『「徳川禁令考」から読み解く 江戸庶民の暮らしと文化』（2022年）

※本書は、2017年7月刊行の廣瀬尚美著『服飾文化史ガイドブック』（非売品）に著者自身が加筆・修正を行った書籍であり、掲載図版もすべて同書より転載いたしました。

令和5年（2023）9月10日 初版第一刷発行　《検印省略》

服飾造形《ふくしょくぞうけい》の美学《びがく》—美意識《びいしき》と服飾《ふくしょく》文化《ぶんか》の変遷《へんせん》を探《さぐ》る—

著　者　廣瀬尚美

発行者　宮田哲男

発行所　株式会社 雄山閣

〒102-0071　東京都千代田区富士見2-6-9

TEL　03-3262-3231㈹／FAX　03-3262-6938

URL　https://www.yuzankaku.co.jp

e-mail　info@yuzankaku.co.jp

振替　00130-5-1685

印刷・製本　株式会社ティーケー出版印刷

ISBN978-4-639-02919-9　C0022

Printed in Japan

N.D.C.589　216p　19㎝